好的销售都是讲故事高手

销售精英都在用的 销售技巧

曹英杰 ◎ 著

中国商业出版社

图书在版编目（CIP）数据

好的销售都是讲故事高手 / 曹英杰著. -- 北京：中国商业出版社，2019.6

ISBN 978-7-5208-0761-6

Ⅰ.①好… Ⅱ.①曹… Ⅲ.①销售 – 通俗读物 Ⅳ.①F713.3-49

中国版本图书馆CIP数据核字(2019)第087790号

责任编辑：张新壮　张盈

中国商业出版社出版发行

010-63180647　www.c-cbook.com

（100053　北京广安门内报国寺1号）

新华书店经销

北京富泰印刷有限责任公司印刷

*

880毫米×1230毫米　32开　8印张　192千字

2019年8月第1版　2019年8月第1次印刷

定价：45.00元

****

（如有印装质量问题可更换）

前言 Preface

当老鼠变成"米老鼠",故事就开始了……

销售任何一样商品,如一杯咖啡、一束鲜花、一部手机、一辆汽车……如果只是单纯地描绘其本身,从成分、口感、材质、设计、工艺水准等方面进行评价,结果只能令客户感到索然无味。换句话说,缺乏灵魂与内涵的商品难以深入人心,很难让客户对其产生情感上的共鸣。

如果有人问你:"喜欢老鼠吗?"相信大多数人会摇头:"不喜欢!"

但是如果有人问你:"喜欢米老鼠吗?"相信大多数人会说:"是的,很喜欢!"瞧,这就是故事营销带来的魅力。老鼠令人讨厌,可迪士尼将老鼠变成"米老鼠"后,故事就开始了……

迪士尼为自己创造的"米老鼠"等卡通形象申请了专利,并进行特许经营开发,采用现代化的流水作业和技术,制造了大批量的动画片销往世界各地。由此,不仅获得了丰厚的销售利润,而且"米老鼠"等相关产品也开始风靡全球。1955年,首座迪士尼乐园在洛杉矶正式建成,迪士尼的经营范围延伸到了主题公园,将故事搬到了现实世界,让人们真实地"触摸"故事。从此,人们在世界各地都能听到米老鼠的故事,孩子们也流连于迪士尼乐园,对其周边产品青睐有加。

从"米老鼠"的成功案例中我们可以看出,但凡成功的品牌都擅长"讲故事"。它们懂得将品牌的历史、内涵及精神诉求向客户娓娓道来,并在销售过程中潜移默化地完成品牌理念的灌输。

再如:

新百伦运动品牌邀请李宗盛讲了一个"致匠心"的故事,其品牌格调陡然上升一大截……

褚橙讲了一个褚时健老当益壮的故事,瞬间把其他橙子甩了十几条街……

王石讲了一个攀登珠峰的故事,为万科节省了将近3亿元的广告费……

海尔讲述了一个"张瑞敏怒砸76台冰箱"的故事,从此海尔品牌深入人心……

星巴克一位女员工为了鼓励癌症少女与病魔作斗争,将自己剃成了光头。这个故事从纽约第五大道流传到了世界各地,给星巴克咖啡注入了更多爱心……

可以说,在当前纷繁复杂、信息叠加的时代,仅依靠产品的本质和特色,也就是所谓的"让产品说话"是不可能实现高效销售的。当下乃至未来是一个需要故事的时代。世上没有卖不出去的东西,只有不会卖东西的人。希望你能淬炼成为一个会讲故事的销售高手,用一个故事影响一群消费者,助力你的产品销量直线上升。

目录
Contents

第1章 标准：讲一个最能打动客户的故事

企业研发人员常常会面临一个倍感尴尬的问题：虽然技术成果很棒，但不能将它们用好的形式呈献给客户。相比之下，高明的销售人员却可以办到，他们懂得抓住客户喜欢听故事的心理，用独特的故事打动客户，从而让客户爱上产品。

1.1 为什么销售人员必须要会讲故事 //3

1.2 故事唤醒的不是客户的心，而是他的右脑 //7

1.3 把"死产品"转化成有趣的"活画面" //12

1.4 销售人员亲身经历的故事，客户最爱听 //16

1.5 故事的三观可别歪了 //20

1.6 客户想听的是不一样的创意故事 //24

1.7 矛盾、冲突、刺激，这才符合故事的标准 //28

第2章　触点：把故事说到客户的"兴奋点"上

不同层次和属性的客户对故事的要求不同，但是有些故事却是万能的，似乎只要一说出口就能立刻触动客户的某个"点"。例如，"在偌大的城市里打拼，哪有人是一帆风顺走过来的，还记得那一年……"如果你能抓住客户的"兴奋点"来讲故事，学会给故事搭配配方，那么你讲的故事就能让客户产生关键性改变。

2.1　怎样让客户对一个苹果感兴趣　//35
2.2　矿泉水也能拯救纸媒的故事　//39
2.3　一个好故事应该包含的四大核心触点因素　//42
2.4　设置一个"钩子"，立刻吸引客户的注意力　//47
2.5　学习"长寿村的秘密"来讲故事　//51
2.6　吸引客户的故事配方　//55
2.7　记住讲故事的几个错误触点方式　//59

第3章　引导：用"销售逻辑"拿到主动权

并不是所有会讲故事的销售人员都能获得好的业绩，销售人员还需要懂得利用故事来引导客户。学会使用"销售逻辑"，用逻辑拿到与客户相处时的主动权，拥有了主动权就能牵着客户的鼻子走，接下来就可以按照自己所希望的方向发展。

3.1　搞清楚故事逻辑，才能精准引导消费　//65
3.2　主动逻辑："我是谁"的故事　//69
3.3　因果逻辑："为什么我会在这里"的故事　//73
3.4　客户逻辑："你才是最重要的"的故事　//76
3.5　情景逻辑："愿景"的故事　//80

3.6 利他逻辑："授人以渔"的故事 //84

3.7 读心逻辑："我知道你们在想什么"的故事 //88

第4章 信任：拿真实的情感打消客户的疑虑

信任，是销售人员拿下客户的最重要一环，没有信任的销售是不成功的。毫无疑问，讲故事是赢得客户信任的一个重要方法。但是，如何通过故事获取客户信任，仅仅是"复述"出一个故事就可以了吗？答案当然是否定的。故事不仅要围绕真情实感来讲，场景、表态等细节方面都应该做到位，这样才能打消客户的疑虑，客户的信任感才能建立起来。

4.1 讲一个真实发生的故事 //95

4.2 你的表态直接关系到客户是否信任你 //99

4.3 自嘲，摧毁客户心理防线 //104

4.4 用现实场景做故事素材 //108

4.5 让客户进入你的故事里 //112

4.6 细节，最能体现出信任 //115

第5章 植入：借故事包装卖点更有趣味

如何让客户对产品产生兴趣？其实有多种不同的方式，但有一种方式最直接，也最隐晦，那就是用故事包装产品的卖点。简单地说，销售人员首先要熟悉你的产品，找到并提炼产品的卖点，然后塑造一个故事来凸显产品的卖点。没错！就像电影中的植入广告一样，你的产品卖点也应该植入一个动听的故事中，这样客户自然就会对你的产品产生兴趣。

5.1 从"一文不值"到"非买不可" //123

5.2 用户画像分析客户需求 //127
5.3 将故事的重心放在卖点上 //130
5.4 把生硬的卖点活泼生动化 //134
5.5 卖点生活化,客户更感兴趣 //138
5.6 将卖点都集中在一句话的故事上 //142

第6章 吸引:客户犹豫时给他一个漂亮的回响

多少销售人员功亏一篑,败就败在当客户犹豫不决时,销售人员不知道该怎么办,结果是客户走了,产品也没卖出去。想要逆转这一切,销售人员必须学会用故事来吸引客户,让客户听到你的故事立刻排除内心异议,果断与你成交。

6.1 "开门红"理论:开场3分钟听到客户笑声 //147
6.2 拔高:抛出一个"高深"故事,"震"住客户 //150
6.3 倾听:在客户关注度之外加一个故事 //154
6.4 共鸣:拉近客户就要让他拍手叫好 //157
6.5 交心:称兄道弟,打开深交大门 //161
6.6 送炭:在客户心里添一把暖火 //165

第7章 说服:给出一切问题的可行答案

当客户对产品或服务产生疑问时,怎么办?普通销售人员会急于给客户解释产品或服务多么好。算了吧!这样的方式,客户早已司空见惯。高明的销售人员会不动声色巧妙地用故事说服客户,在故事里给出一切问题的可行答案,让客户无法不相信他,进而被说服并产生购买动机。

7.1 对客户购买动机进行判断 //173

7.2 用故事对产品 USP 进行感性诉求　　//177

7.3 客户担心在哪里，就从哪里讲故事　　//181

7.4 在故事里点出客户不可抗拒的好处　　//185

7.5 给客户设定一个预期　　//189

第 8 章　暗示：在故事中投射出客户应该作出的决定

销售人员经常会遇到迟迟不肯作出决定的客户。没错，这很常见！想让客户拿出一大笔钱购买你的产品，还得让他没有思想斗争，这是不现实的。销售人员必须懂得给以暗示，让客户快速做出下单的决定。临门一脚的暗示应该如何展现？答案还是故事，用故事影响客户的行为，步步紧逼，让他作出最终决定。

8.1 从影响消费行为发生的因素出发　　//195

8.2 强调，是故事中的必需佐料　　//198

8.3 加入强烈对比，刺激客户的肾上腺素　　//202

8.4 给客户最真实的触感　　//206

8.5 用故事的手法放大拒绝的后果　　//210

8.6 故事＋心理学效应＝完美暗示　　//214

8.7 站在旁观者角度赞美客户　　//219

第 9 章　搞定：别忘了从故事回到交易现场

很多销售人员只顾着讲故事，忘记了最初的目的——销售。因此，讲故事要注意分寸，该收手就得快速收手，该引导就得高效引导，无论是欲擒故纵还是激将刺激，你都必须围绕交易来展开。

9.1　锁定＋创造＋满足＝客户买单　//225

9.2　向客户提供更充分的购买理由　//228

9.3　面对客户的"再想想"，要步步紧逼　//232

9.4　临门一脚，讲一个刺激客户好胜心的故事　//235

9.5　欲擒故纵，放出"狠话"吓住客户　//238

9.6　让故事的余温持续停留在客户心里　//242

第1章

标准：
讲一个最能打动客户的故事

▼

企业研发人员常常会面临一个倍感尴尬的问题：虽然技术成果很棒，但不能将它们用好的形式呈献给客户。相比之下，高明的销售人员却可以办到，他们懂得抓住客户喜欢听故事的心理，用独特的故事打动客户，从而让客户爱上产品。

1.1
为什么销售人员必须要会讲故事

作为一名销售人员，在进行相关的市场营销和销售工作时，必须要学会讲故事。因为讲故事，从某种程度上来说，容易启发人们对产品的需求。尤其是销售人员，讲一个故事，可以将人们的需求变现。

从本质上来说，营销如同与客户谈恋爱，检验营销成败的标准不是能否获得短期产品利润，而是能否建立客户与品牌的长期感情。

事实上，在人们的潜意识里更多的是通过图像在工作，通常很难理解逻辑与抽象事物；而唯有故事可以在人们的潜意识中形成具体图像，让客户的潜意识接受故事中的隐藏指令，进而改变信念和行为。客户的信念和行为按营销故事预设的方向改变后，企业的短期利润和长期利润才能稳定实现。所以，讲故事对销售人员来说是一项核心技能。

≫ 销售人员讲故事的"费曼技巧"

销售人员讲故事是需要技巧的。只有运用技巧才能把专业的知识点和销售点传达给客户，让客户印象深刻。关于这一点，销售人员可以借鉴名满天下的"费曼技巧"。

费曼是非常浪漫的诺贝尔物理奖获得者,在他的自传里有这样一个故事:

费曼在研究一篇论文时,由于该篇论文十分枯燥,进展非常艰难。为了快速消化,费曼找到了这样的一个方法:仔细审阅这篇论文的辅助材料,直到掌握了相关的知识基础,足以理解其中的艰深想法为止。

这就是"费曼技巧",本质上是把一个富有内涵、复杂的想法,先分解成小知识点,再用已经掌握的知识去理解这些知识点,再通过向别人分享这些知识来强化记忆。

实际上,要想成为一名会讲故事的销售高手,就要充分理解并学会运用"费曼技巧"。

第一,"专业化"把握。销售人员要做到"专业",必需要将知识点、概念、理念、企业文化等拆分成更小的知识点,再用自己的知识去理解。

第二,个性化"匹配"。作为销售人员,我们不仅需要将要传递的知识点进行拆分,还要把拆分后的知识点针对客户最为熟悉的事物进行结构化表述,使客户更容易理解。

第三,故事化"包装"。做好上述两点之后,接下来要在表述上增加趣味性。这就需要套用故事的外壳来让客户快速吸收。

▶▶ 销售人员讲故事需要"四步走"

通过上述的"费曼技巧",我们了解到,想要讲好一个故事,需要有四个步骤(表1-1)。

第1章 标准：讲一个最能打动客户的故事

表1-1 "费曼技巧"的四个步骤

1	将你要传达的信息拆分，并用自己的知识深度理解，确保有一定的深度
2	从拆分的知识点来准备故事素材
3	练习
4	揣摩客户熟悉的领域，然后有针对性地塑造故事，用互动形式深入浅出地讲故事

下面是一个销售人员的销售案例：

一名销售人员，想通过突出自己公司的特点和优势的方式争取一个客户。他了解到这个客户非常喜欢车，于是就借助了一些"车"的元素，讲了这样一个故事。

销售人员："我跟你说个发生在我们公司的事吧，听完你或许就能了解我们公司了。有一次在北京举办了一个颁奖大会，要给我们老板颁发"十佳企业家"大奖。到了颁奖那天，我们老板自己开车过去领奖。他开了一辆微型面包车。你想啊，通常的老板都开名牌汽车，而且还配备专职司机，我们老板自己开面包车过去，是不是差别很大？"

客户："是啊，我也是第一次听说开面包车去领奖的老板。你们老板还挺有意思的。"

销售人员："后来还发生了一件事呢。因为路上有些堵车，我们老板去得稍微晚了一些。停车时，老板把车停在了最后面。这时候旁边车位有个人看到我们老板开的面包车，于是问他是哪个老板的司机。我们老板笑了一下没说什么。后来我们老板上台领奖时，那个人就坐在旁边，十分尴尬。"

客户："哈哈哈，你们老板真的很实在。"

销售人员："对，这就是我们公司最大的特点——真的很实在。"

在这个案例中,销售人员巧妙地抓住了客户对车比较熟悉的特点,然后一边与客户互动,一边讲故事,传达出了公司最大的特点就是实在,给客户留下了很深的印象。

由此可见,销售人员必须要用讲故事的方式来传达某种信息,这样才可以让客户包括潜在客户对你的公司和产品产生深刻印象。

1.2 故事唤醒的不是客户的心,而是他的右脑

通过讲故事的方式促使客户消费是一件非常有依据的事实,它具有充分的科学依据和理论支撑。因为一个好故事唤起的不是客户的心,而是他的右脑。

为什么这么说呢?这需要我们把目光聚焦在美国著名经济学家、营销大师劳拉·里斯《视觉锤》一书上。这本书影响了一大批销售人员和营销学家。劳拉·里斯在这本书里提出了一个著名的"客户左右脑理论"。她认为,客户的左脑和右脑分别处理不同的信息,左脑负责的是理性思维,主要处理语言文字方面的信息;而右脑负责感性思维,处理的是图形情感方面的信息,见图1-1。

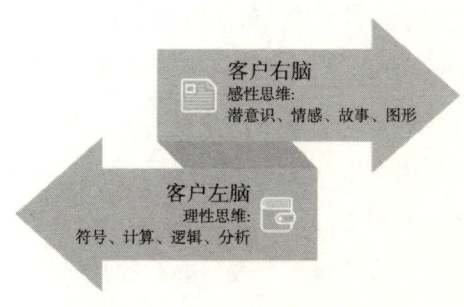

图1-1 客户左右脑的区别

很明显，想要抓住客户情感上的主动权，就必须要打动他的右脑。

很多企业家、营销专家都有这样的困惑："我的产品定位非常精准，为什么还是卖不动？"遇到这样的问题时，应先看产品，再寻找销售人员询问推销的方式，然后就可以从销售人员的"专业话术"中找到根本原因。

因为这些所谓的"专业话术"只是做了影响客户左脑的事情，而没有做足影响客户右脑的事情。换句话说，不唤醒客户右脑中的感性思维，就无法产生情感共鸣。当客户在情感上得不到满足时，他很难只依靠理性思维快速做出决定。

销售人员需要把客户左脑里的"价值"和右脑里的"感觉"都做到位，这样才能成功实现销售。在这里，右脑的"感觉"几乎控制了他下单消费的主要功能。

那么，如何才能唤醒客户的右脑，让他快速做出消费决定呢？这就需要销售人员会讲故事，而且需要讲一个好故事。

❯❯ 宜家家居，提得最多的是生活

宜家家居这个超级家居品牌之所以能够在全球风靡半个多世纪，必然有它的道理。无论是宜家家居的画报宣传册，还是宜家家居的电视广告，都几乎很少提及宜家的产品材质、产品价格、产品款式等，而提得最多的是温馨生活。

换句话说，宜家总是合乎时宜地抛出一个又一个的温馨故事，用这些故事来打动每一个客户的右脑。例如，2017年11月30日，宜家家居在微信公众号上发出了一则消息："今晚不要去外面吃了，来我这里吧。"实际上，这是宜家的一批新款产品的

第1章 标准：讲一个最能打动客户的故事

广告，但是在宣传中，宜家采用了讲故事的方式，告诉那些经常在外面就餐的人，可以在家里召集几个好友聚餐，感受温馨欢乐的时光。

从聚会吃饭，到娱乐玩耍，再到留宿过夜，这一晚上的生活都能在宜家的产品中找到温馨的寄托和依靠。有了这样的广告宣传，在客户右脑中就会形成温馨的故事图像，这种图像会在客户潜意识里不断出现，刺激右脑，从而做出消费决定。

因此，企业销售人员想要通过一个故事来唤醒客户的右脑，请务必要把故事的聚焦点放在生活上。尤其是当产品关乎生活化气息时，更应该将故事放在生活的点上，这样才能给客户在心理上和潜意识里形成一种难忘的画面，这种画面可以促使他们往消费的终点越走越近。

❥ 同样是白色T恤，人们却独爱这一件

也许你认为全世界的任何服装都比T恤有卖点，之所以这么想，那是因为你没有抓住要点。你见过这样一家T恤品牌吗？销售人员见到你的时候，不问你"买T恤吗？"而是告诉你："嘿，想要一件为丹尼尔·埃文斯带来好运的T恤吗？"当客户被这样问的时候，大脑会条件反射地冒出一个想法：这件T恤真的有那么神奇吗？丹尼尔·埃文斯又是谁？他与T恤之间有什么故事？很显然，这些都是客户的右脑在作祟。

事实上，这件T恤是来自澳大利亚的一个品牌，这个名叫丹尼尔·埃文斯的人是一名网球运动员。在2017年的澳网开赛前，埃文斯遭网协与赞助商解约，因此缺少服装赞助。

开赛前他不得不跑到商店临时买了一件纯白色的T恤，然而

出乎大家意料的是，一向成绩并不突出的他，却穿着这件白色的T恤"战袍"先后战胜了世界排名前十的两位种子选手挺进16强。赛后，球迷们争相涌入商店，抢购埃文斯同款T恤。

一件普通的T恤不是因为品牌，不是因为明星代言人，而是因为埃文斯所进行的比赛而引起了全城抢购。这件T恤充满了埃文斯的故事，人们对他被网协和赞助商抛弃的事情而感到"同情"，同时对他自强不息的行为而拍手叫好。因此人们买单的不是一件T恤，而是埃文斯赋予T恤的故事。

这家卖T恤的老板巧妙地抓住了人们对埃文斯这个故事的追捧，将其加入了T恤中，让销售人员极力推销这个故事，从而唤醒更多客户的右脑意识，影响了人们的行为。

》 这瓶矿泉水卖出了奢侈品的感觉

说起矿泉水，很多人会想到娃哈哈、农夫山泉等，但是如果说起矿泉水中的奢侈品，大家首先想到的是取自阿尔卑斯山的依云矿泉水。

在大量矿泉水产品不达标、检验不合格等事件的阴云笼罩下，人们对依云矿泉水却趋之若鹜。这是为什么呢？

营销专家表示，依云矿泉水已不再是普通的标高价的矿泉水，它已成为高端与尊贵的"独特符号"，这种标签深深地影响着客户的购买行为。可见，高端品牌卖的是一种感觉和文化，或者是给客户带来了品质化、符号化的生活方式和梦想。依云矿泉水对于客户来说，不仅仅是阿尔卑斯山的水，更是其背后的传奇故事和尊贵梦想。

依云矿泉水在早期就将它的整个发现过程编成了一个"侯爵

第 1 章 标准：讲一个最能打动客户的故事

奇迹痊愈，拿破仑三世及其皇后赐名"等极具传奇色彩的故事。这个故事被依云矿泉水的销售人员讲了上百年，人们百听不厌。随着时代的变迁，依云矿泉水的故事也不断创新迭代，包括在互联网时代制作的"Live Young 活出童真"的新故事。以后这样的故事也会不断地被演绎，长盛不衰。

1.3 把"死产品"转化成有趣的"活画面"

真正会讲故事的销售高手,通常都具备一个本领,那就是可以把"死产品"转化成为有趣味的"活画面"。这个"活画面"就是故事的魅力。

在市场中,有些产品由于积压过多或者受到外在冲击,会变得很难销售。时间久了,这些产品就变成了"死产品"。同样是"死产品",销售人员的水平不同,销售状况也不同。有一年,海信电视在上海的销量特别差,大量的囤积产品让当地负责人十分头疼。后来一位销售经理带领自己的销售团队巧妙地打开了市场,将这批"死产品"顺利地卖了出去。而销售的妙方就是讲故事,把一些有趣味的故事与海信电视联系起来,让客户对海信电视产生了不一样的感觉,从而打开了市场。

不仅是海信,其实很多企业都是通过讲故事的方式,把一些原本在市场渠道中处于滞销的产品巧妙地推销了出去。

下面我们就来看一下如何让"死产品""复活"。

❥ 开场阶段要"勾魂"

当你拿到一个"死产品"的大概情况时,必须要统筹安排,首先就要做好开场阶段的工作，可以讲一些激发客户好奇心的隐喻故事。

例如，海信电视上海地区的某销售人员是这样说的："90%以上的客户认为我们的电视并不是市面上最好的，但他们还是会一买再买，甚至还推荐朋友买，为什么呢？因为……"

在这个套路公式中，开场显得最为重要，开场就要勾住对方的魂。欲扬先抑，先谦虚地说一下自己产品的不足，然后来一个转折，告诉客户尽管如此还是会有大量客户一而再地购买。这样就暗示出你的产品一定具有某种独特和神秘之处。正是这个"神秘之处"吸引客户想要了解下文。当然，在下文中，就需要你准备一个恰到好处的故事。

产品介绍阶段要"夺心"

开始阶段吸引住了客户之后，接下来就要介绍你的产品。在产品介绍阶段中，你需要用隐喻的故事来表达。讲一个可以让客户注意到产品特点、优点、好处的隐喻故事，这种方式也叫作 FABE 销售法。

举个例子，一位汽车 4S 店的销售人员这样向客户介绍一款并不怎么好卖的越野汽车：

"上个月，我的一个客户从非洲草原刚回来，前来试驾。当时他说这款车跟非洲草原上的犀牛一样雄壮，威力巨大，尤其是外形方面更是十分霸气，动力也很强劲。开出去不仅有面子，而且汽车的配置和性能好到可以让你如同犀牛一样驰骋在大草原上，不管什么样的道路都无所畏惧。瞧，你听这引擎，堪比悍马的轰鸣，厚重的关门声更是让你有百分之百的安全感，难怪我那个客户说像草原上的犀牛一样威猛……"

这个阶段是销售人员介绍产品的阶段。在这个例子里，销售人员把这款并不怎么好销售的越野汽车借助一个很可能不存在的"非洲草原归来的客户"的口，描绘成了一个配置、性能、引擎等各方面优势突出，犹如犀牛般雄壮、威猛的越野车，很好地吸引了客户的眼球，并且将这款汽车的优势深刻地植入了客户的心中。

❯❯ 处理异议阶段要"洗脑"

在第三阶段，销售人员需要面对的是客户对产品的异议。面对异议时，销售人员也必须要用讲故事的方式来处理。在这个阶段，销售人员要达到的目的是"洗脑"，其方法也是要讲品牌故事。

理性选择的选项无穷多，而感性选择往往只有一个选项。定位理论告诉我们，心智是厌恶复杂的。所以，在这个阶段，你需要给客户抛去一个最简单的感性选择。例如，你可以这样说："您所担心的问题并不是问题，我们的一位 VIP 客户也担心过这个问题，但是他使用过一段时间后发现这根本不是问题，他还特别把我们的产品推荐给他的朋友们，×××俱乐部（一个非常有名的俱乐部或者组织机构）里面一半以上的会员都使用我们的产品。"

这个销售人员就很聪明地用 VIP 客户和其俱乐部朋友的故事从侧面解决了产品异议问题，给客户带去了信任感。

❯❯ 成交阶段要"催眠"

在处理完异议之后，接下来就是成交阶段。在成交阶段往往

第 1 章 标准：讲一个最能打动客户的故事

也并不那么顺利，通常很多客户在最后还会对产品有些抗拒。面对这种"抗拒"，需要销售人员有针对性地讲个解除客户最后抗拒点的隐喻故事。

例如，有一位汽车销售人员遇到了这样一个问题：客户在就要成交时，认为后座的安全气囊没有太大作用，而且这一项就要多花一万元，为此，客户有些抗拒和犹豫。于是销售人员这样说："曾经有一个客户，为了省一万元买了某某品牌的汽车，那款汽车和我们这款很相似，但是后座没有安全气囊。后来发生了一次车祸，后座的小朋友受了重伤……我们这款汽车因为后座也配备了安全气囊，所以不会发生这种状况。说实在的，一万元与生命的安全相比，真的不算什么。"这个客户听后，立即同意在后座配备安全气囊。这就是成交阶段的"催眠"作用。

通过这四种方法，可以让销售人员把一个"死产品"转换为一个有趣味的故事，让客户看到有趣味的"活画面"，打消对产品的异议和不满。

1.4 销售人员亲身经历的故事,客户最爱听

每个客户都爱听故事,这是人的天性。一个有好故事的销售人员,也更容易被记住;一个有故事的产品,在市场上也更具优势,因为感性的大脑更容易被故事打动。所以,谈销售前不妨先讲故事。

销售人员如何讲好故事是重点,首先我们要准确把握客户的口味。根据美国哈佛大学经济学教授乔纳·瑞恩的研究发现,销售人员和客户面对面时,客户的目光总是会聚焦在销售人员身上。因此,瑞恩教授指出,客户对销售人员自身的经历和故事非常感兴趣。

越是平凡的故事,越是能感染人。正确的故事讲述方式有三个要素:事实、情感和象征物,通过这三个渠道来与客户进行沟通。

▶▶ 销售人员说出自己和所售产品之间的故事

销售人员永远不要忘记自己是推销产品的,因此,为了打动客户,你需要在讲述自己的故事时,讲出自己和所出售的产品之间的关系。这样的故事既能牵动客户的心,又能巧妙顺利地把产

第 1 章 标准：讲一个最能打动客户的故事

品推销出去。

苹果公司在西雅图的销售经理乔伊·派瑞就曾要求自己部门的销售人员必须要懂得讲故事，而且这些故事并不仅仅是公司和老板的故事，还必须要包括销售人员和苹果公司的产品有关联的故事。

派瑞经常走访每一个店面，然后随机挑选一些苹果销售店员来进行询问。他经常这样问对方："你能说一说自己和苹果公司的产品有什么故事吗？"有一个销售人员的故事让派瑞非常满意。那个销售人员是这样说的："有一年圣诞节我没有及时赶回家。你知道，西雅图一年几乎有八九个月都在下雨，那天雨下得很大，我的车子抛锚了。我很想和女儿一起坐在客厅里，装饰圣诞树，一起度过温馨的时光。可是糟糕的天气让我很恼火。这时候，我的苹果手机响了，是女儿在家里用 FaceTime 和我通话。我找了一家咖啡馆，点了一杯咖啡，然后和女儿视频通话，在视频里，我看到了女儿灿烂的笑容……她一遍遍地叫着'爸爸'，我的心都要融化了。苹果的 FaceTime，让我度过了一个难忘的圣诞节。"

这个销售人员的故事就很好地把自己的经历与苹果手机联系在了一起，而且非常感人。如果你是客户，也会被这个故事打动的。

派瑞对不合格的销售人员十分严格，让他们必须重新想办法找到自己与产品之间的联系，然后用一个令人信服的故事说出来。派瑞认为客户可不会随随便便就被一个糟糕的故事打动，只有亲身经历的故事才有可能说服对方。

以"我的朋友""我有一个表妹"为故事蓝本

销售人员在讲自己经历的故事时,应该思考到一件事情,那就是可能自己的故事并不那么具有感染力,而且讲来讲去有些"油腻"。所以,销售人员必须要在个人经历的基础上推陈出新,如可以用自己的一个朋友、亲戚来讲述故事。因为你自己的亲戚和朋友与自己也是息息相关的,这也是一种可以拉近与客户距离的方法。

新媒体大师咪蒙就是用这样的方式打开了销售的大门。咪蒙的每篇文章几乎都是10万以上的阅读量,深受大家喜爱。这其中的窍门就是咪蒙善于运用大量自己的亲身经历来向读者讲述。此外,她还习惯运用自己亲戚、朋友的故事来感染读者。

例如,在她的新媒体文章中,经常看到这样的故事:"我有一个朋友……""我的一个表妹……"

也许这个亲戚朋友是咪蒙杜撰出来的,但是却给人强烈的代入感,让读者感觉到仿佛咪蒙就站在你面前跟你讲这个故事。这就能够在很大程度上让人们相信故事的真实性,由此产生近距离的情感共鸣。客户也好,读者也罢,自然就会十分喜爱。

所以,当你不知道该讲自己的什么故事时,不妨稍微转移一下视线,把自己的亲朋好友加入到故事中,让消费者感受到亲切感,进而对你的故事产生好奇。

具备强烈感染力

光会讲故事还不够,还需要具备感染力。人们在讲述亲身经历的故事的时候,能够表现出更多的情感和个性化的特征。

第1章 标准：讲一个最能打动客户的故事

我们是否有这样的感受？听别人讲马云创业的故事时，演讲者尽管激情澎湃，但是却因为不是自己的亲身经历，讲起来总是没有那么大的情感起伏，感染力不够。而马云自己讲述创业故事的时候，他所表现出来的语言和动作，以及那些创业故事情节，完全让人沉浸其中。

在描述发生在自己身上的那些故事时，说故事的人表现出来的一切都更具有感染力，整个故事也会浑然天成，很轻易地就能把听者的情绪带动起来。

销售人员在讲故事时所传达出的感染力，客户是能感受到的。所以，销售人员必须要注重感染力的表达。例如，可以在语气上做一些情感停顿，来一些抑扬顿挫的语气渲染气氛；还可以讲得声情并茂一些，说到情感深处，可以用一些肢体动作来感染气氛，等等。

1.5 故事的三观可别歪了

很多销售人员在与客户进行沟通时,往往进入一个"点"之后就犹如打开了话匣子,刹不住自己的话语。因此,在讲故事时,通常会颠倒三观、东拉西扯,把客户的思路拉到很远的地方去。这样的方式不但不会给你带来销售上的帮助,而且还会让客户对你产生反感。

在这里,我们主要说的就是讲故事时的三观问题,销售人员要时刻谨记你的故事一定要三观正确,而且充满正面影响。这需要销售人员做到以下几点:

▶▶ 学会在大脑中快速筛选故事素材

销售人员在讲故事时,一定要遵循一个不变的原则:与产品有关。很多销售人员总是天南海北闲聊一通,绕来绕去,最后令客户不知所云;还有些销售人员一开始讲故事还遵循原则,讲着讲着就偏离了主题,甚至还波及了大量负面情绪。这样的故事就是失去三观、没有任何营养价值的故事,作为销售人员,千万不能走上这样一条讲故事的道路。

因此,销售人员必须要学会在讲故事之前,在大脑中快速筛

第1章 标准：讲一个最能打动客户的故事

选故事素材。下面有几种情况需要分析：

（1）如果讲的是自己经历的故事，那么需要考虑的内容是：与产品关联性大不大、故事长不长、与客户购买是否能形成关联、会产生正面情绪还是负面情绪等。这就必须要满足三个条件，见图1-2。

图1-2 讲述自己的故事需要满足的三个条件

例如，一名平板电脑销售人员是这样对客户说的："我家孩子前几年学习成绩并不怎么好，每天学习到很晚，但是考试时总是排在中后等水平，搞得我很担心。后来我在慢慢了解中发现，他的同学中大部分人有平板电脑，全国优秀的老师都会在上面讲课，对于很多复杂的难题也能有简便的方法去讲解，孩子们学习起来自然不会那么辛苦，而且还能得高分数。所以我也给孩子买了一台，结果很快成绩就上去了。后来我发现身边朋友的孩子也有需要，于是加盟了这个品牌的店，想起来与这个品牌的结缘还真是奇妙啊……"

这个销售人员的故事简单有力，而且只抓重点，突出平板电脑的优势，让客户感受到了平板电脑的价值。

（2）如果讲的是别人的故事，那么就需要考虑以下几个内容，见图1-3。

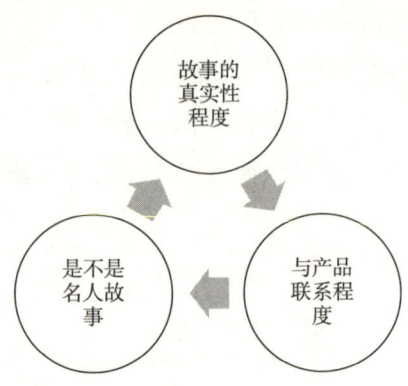

图1-3 讲述他人故事时考虑的因素

如果你列举名人的故事,就必须要对这个名人有足够的了解,如果你杜撰,客户很可能会识别出来,甚至对你的人品产生怀疑,进而不会购买产品;如果是你朋友的故事,也要遵循真实性,同时要往产品本身去靠,让客户在听故事的过程感受到产品的优势和特点。

例如,还是上述销售平板电脑的案例,如果销售人员是在列举朋友的故事,则可以这样说:"上个星期,我一个当老师的朋友,打电话向我预订了20台平板电脑。别误会,我这个朋友不是给班上的同学推销,而是向贫困山区的孩子们做慈善捐献,她希望大山里的孩子也能用上平板电脑。我朋友很看好这个品牌的平板电脑,因为它的电池特别耐用,而且自身配备的很多学习软件也十分有价值……"

在这个故事中,销售人员利用自己当老师的朋友的故事,不但表达出了积极正面的思想,而且还巧妙地突出了这款平板电脑在电池和软件方面的优势特点。因此,很容易就能带动客户购买。

第 1 章 标准：讲一个最能打动客户的故事

销售人员在讲述故事之前，一定要快速筛选故事素材，哪些不需要讲出来，哪些需要增加篇幅。只有这样经过精心筛选的故事才能被客户喜爱。

❯❯ 好故事一定要给客户带去正能量

真正符合三观的故事，必须要满足一个条件，即给客户带去正能量。那么，正能量从哪些方面着手呢？

第一，发生在身边的真实感人事迹；

第二，大家都知道的一些正面故事；

第三，发生在名人身上的鲜有人知的正面事件。

想要掌握更多正面能量的故事，就需要销售人员平时多阅读书籍、浏览网站，从中不断积累素材，这样才能在关键时刻"拿来即用"。此外，选择好了正面能量素材的故事之后，还应该与你所推销的产品紧密地联系在一起。

例如，一个网站的销售人员是这样对客户说的："您知道上周在上海 13 号地铁线上发生的事情吗？一位老奶奶突然晕倒在了人群中。当时整个车厢的人都在积极想办法帮忙，有的拨打了 120，会急救的朋友也赶忙给予急救。后来，这位老奶奶苏醒过来，大家都松了一口气。当时，我正好在这个车厢内，于是我第一时间把这件事发到了我们的网站上，呼吁大家一起接力做好事，做一个乐于助人的文明上海人。在短时间内，点赞量突破了百万，数十万转发……还被推送到了新浪微博头条。"

这个销售人员给客户讲述了一件身边发生的事情，呼吁正能量的同时，也巧妙地把自己网站的热度等优势展现出来。给客户带去了正面影响之外，也让客户对这家网站产生了兴趣。

1.6 客户想听的是不一样的创意故事

美国经济学家卡尔·布鲁森说过一句话:"客户可能会忘记你所说的内容,但是不会忘记你带给他们的感受。"

客户想听的是故事,不是数据或者枯燥无味的介绍。而在故事的分类中,客户更想听的是不一样的创意故事。

什么是创意的故事?就是销售人员灵活转变思维,改换角度,从不同侧面来讲述的新鲜故事。对此,德国故事教练安德烈·赫克尔曼做过一个测试。

他提供了一组数据要求几个销售人员将其传达给客户。这个数据是:两条腿坐在三条腿上吃一条腿,然后四条腿进来从两条腿那里抢走了一条腿。然后两条腿用三条腿打了四条腿,并夺回被抢走的一条腿。

如果你仅仅是直白地表达这组数据恐怕会很困难,而且客户也很难记清楚。对此,很多销售人员不知所措,就算用讲故事的方式,也很难把这组数据巧妙地进行融合,客户听了更是十分头疼。然而其中有一名销售人员却讲了一个非常独具创意的故事,让客户深刻地记住了这组数据。他是这样说的:

一个小伙子(两条腿)坐在一个凳子上(三条腿)吃鸡腿(一条腿),这时一条狗(四条腿)进来从小伙子(两条腿)那里抢走了鸡腿（一条腿），然后小伙子（两条腿）用凳子（三条腿）打跑了这条狗（四条腿）并夺回了鸡腿（一条腿）。

没错，这个销售人员把这些数据用带有人物、目标和问题的故事传达出来，增加了场景概念，加强了人们的记忆，而且也给人留下了不一样的印象。

由此可见，客户想听的永远都是不一样的新奇的创意故事。所以，销售人员必须要学会讲创意故事。

》 创意的故事可以只是几个句子

我们一定要搞清楚，讲故事的目的是什么？是希望引起客户的共鸣，最终产生购买行为。因此，任何不以销售签单为目的的讲故事都是白忙活。

当然了，会讲故事并不表示你就能讲好创意故事，这需要技巧。既然销售讲故事是以销售结果为导向的，那么销售人员在讲故事的过程中就需要去除各种与销售场景无关的故事背景和细节。换句话说，想要突出你的产品和故事的创意性，必须要断舍离。一个高效的销售故事越简单越好，只要短短的几句话，甚至几个词就能够形成一个故事，引起客户的共鸣，给客户带去深刻的创意。迪士尼的销售人员只用了"小孩""公仔""你"这三个词，就给绝大多数客户带去了创意的场景，在客户大脑中形成了一个不一样的画面。

所以，好的创意故事只要能够在客户大脑中形成深刻的画面就足够了。至于故事背景、细节都显得没那么重要。

例如，一个青少年心理辅导机构的销售文案。当其他的机构都在通过列举一个问题少年的故事来讲述时，这家辅导机构却摒弃了这些复杂的因素。只用一句话就铿锵有力地把自己公司的优势表达出来了，而且也给客户带去了深刻的认同感。这句话是："叛逆、网瘾、厌学、难沟通，问题孩子，一个电话我们帮您！"面对这样的文案，如果你是一名问题少年的家长，你的第一感觉是什么？它在你的大脑中一定会有画面感，内心也会产生深刻的共鸣。这家机构只是用了短短的几个词，就把客户生活中遭遇到的问题形象地勾勒了出来。

再如，OPPO手机之所以会成为国产手机中的王牌，完全就在于那句"充电五分钟，通话两小时"把客户的需求用一句话的创意表达出来，直接给客户带去需求，这就是创意故事的魅力。

创意的销售故事就是要让客户意识到自己的痛苦，并且放大这种痛苦，在客户的"伤口"上撒一把盐，这是销售高手的一种创意，也是同类企业中的差异化体现。这样的"故事"更深刻，更吸引人。

千万别一上来就说产品

很多销售人员之所以不会讲创意故事，是因为他们一上来就开始说产品。典型的代表如"先生，这款电动车曾经获得过无数大奖，它的电量消耗是最低的，可以让您……"

事实上，这样的故事太牵强附会了，甚至会让客户反感。客户想听的是不一样的故事，而你讲的却是大众都知道的故事。

因此，销售人员千万别一上来就说产品，而是需要先了解客户的需求、爱好，然后抓住时机，在大脑中快速过滤故事素材，最终筛选出一个从侧面可以撬开客户内心的故事。这样的故事说出来就会显得不一样了。

第1章 标准：讲一个最能打动客户的故事

例如，MINI汽车的销售人员在遇到一个客户时，是这样进行销售策略的。首先，这位销售人员先与客户简单地聊天，发现了这位客户经常出差，尤其是去上海、苏州、杭州等地，而且这位客户无论是生活品位还是穿衣品位都非常时尚。所以销售人员是这样说的："真巧，我们品牌营销的负责人也是经常出差。他上周刚去过上海，当时他还在微信群里跟我们抱怨上海的路有多么地拥堵。他在车里十分焦躁，后悔没有去坐地铁。就在他后悔莫及的时候，下起了雨，他看到外面行色匆匆、急忙躲雨的人，又暗暗庆幸，还好开车了。于是他打开了天窗，看着雨落在玻璃上，心情非常美丽。他还趁着等车的空隙，利用车里的电子智能屏幕画了一幅"雨中曲"，您说我们经理是不是很浪漫啊……"

这个销售人员没有一上来就说产品，而是利用自己的经理去上海出差的遭遇从侧面拉开了推销MINI汽车的序幕，同时也非常贴合客户的心理和行为。这样的故事很难不让客户动容。这就是有创意的故事的魅力，是值得大多数销售人员学习的。

1.7 矛盾、冲突、刺激,这才符合故事的标准

作为销售人员,你有没有认真研究过客户到底想要听什么样的故事?上述我们说了客户喜欢创意故事、三观正的故事、销售人员亲身经历的故事等。其实,在这些标准中,还有一个统一的标准,那就是有冲突的、矛盾的、刺激的故事。

可以想象,一个平淡如水的故事,是没有人喜欢听的。那些老套的故事也是没有人听的。客户往往对具有矛盾和冲突的故事情有独钟。因此,销售人员可以用故事中的冲突来引爆对方的情绪。换句话说,就是在你的故事中加入矛盾和冲突,让这种冲突直接冲击听者的大脑,引起他情绪上的触动。

冲突是讲故事套路中最重要的核心。

假如莎士比亚笔下的罗密欧跟朱丽叶在一开始就没有一见钟情地相爱,只是发生了一些误会或者平常的事情,那么这部悲剧还会如此吸引人吗?不会。

假如《乱世佳人》中的斯嘉丽是一个甜美乖巧、温柔贤惠的妻子,瑞德还会离开她吗?如果两人过着相敬如宾的生活,这部电影还会如此轰动吗?不会。

销售也是如此。你口中的故事如果平淡如水,毫无起伏波澜,客户听起来也如同在云里雾里,不但没有留下深刻印象,而

第1章 标准：讲一个最能打动客户的故事

且也不会对你的产品感兴趣。所以，一个好故事中必须要具备冲突和矛盾的因素。

一个销售人员想要通过讲述一个矛盾激化的故事让客户沉浸于故事中，必须要把握好这类故事的节奏。通常情况下，一个好的故事往往会遵循这样一个思维框架，见图1-4。

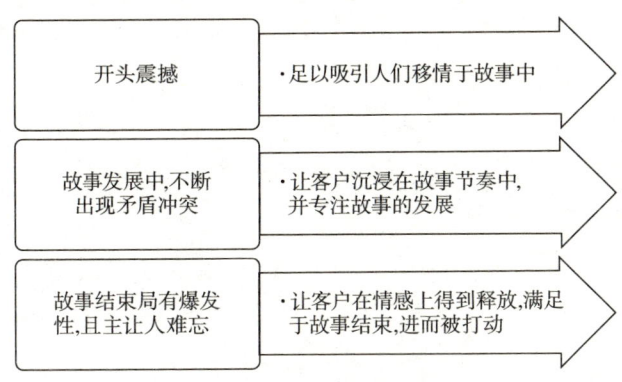

图1-4 好故事遵循的思维框架

这三个阶段中，最重要的就是第二阶段，也就是故事的发展阶段。一个好的故事为什么能吸引人？因为销售人员赋予了故事中的人物一些矛盾和冲突。这些元素可以是误会、纠缠、吵架等。当然，销售人员还要明确自己讲故事的目的，显而易见，是想为了说服客户，并影响客户对产品产生兴趣，进而购买。因此，销售人员也很难做到像作家或编剧那样通过大量考虑去特意制造一些冲突和矛盾，此时需要的是根据情景和对客户心理需求的把握来制造恰当的冲突。

下面是一个帽子定制公司的营销案例：

一家大型的帽子定制公司遇到了一个客户，这位客户是一位年轻的小姐，来到公司之后，看到如此大的规模她有些惊讶。

客户:"您好,老板。我不是来买帽子的。我是来考察你们公司的。"

销售人员一眼就看出了这个客户的来意,她是想加盟帽子店。于是说:"没关系,小姐,请随便观看,有什么不明白的地方可以直接问我,我会为您全程解答。"

客户:"其实我想自己创业,开一家帽子店。但是我现在还没有想好,所以先过来看看。"

销售人员看出了这位客户的犹豫不决,大概是因为资金不到位或者还没有下定决心创业。于是对她说了一个故事:"小姐,您知道香奈儿女士吗?"

客户:"听说过,我很喜欢的一个设计师。"

销售人员:"嗯,看来小姐对时尚品牌也有所了解。那您知道香奈儿女士在设计服装之前是一个帽子设计师吗?"

客户:"这有些不太清楚……"

销售人员:"香奈儿女士当初在成立品牌之前是在小酒馆唱歌的女郎,一开始很多人看不起她,尤其是上流社会的人根本不把她放在眼里"。

"有一次,一个所谓的绅士在大街上认出了香奈儿,并当众辱骂了她,不但让她颜面尽失,还让她差点儿丢了酒馆里的工作。那时候的香奈儿女士落魄极了,她甚至觉得那个绅士的辱骂是正确的。可是后来她还是不甘心,于是她作了一个大胆的决定,就在那个绅士的家附近租了一个小店面,开始定制各种款式的帽子。"

"戏剧的一幕开始了。香奈儿的第一个客户就是那个绅士的妻子。当时那名绅士陪同妻子进了店铺,绅士的妻子很喜欢香奈儿设计的帽子,想要定制。可是香奈儿却说:'如果你让这位男

第1章 标准：讲一个最能打动客户的故事

士出去，我或许可以给你定制一顶帽子。'绅士当时十分羞愧地出去了。"

"后来，香奈儿不仅做帽子出了名，还进入了上层社会的圈子，最后还成为上流社会的名媛们最喜爱的设计师……"

客户："原来香奈儿女士还有这样的遭遇。"

销售人员："是啊，任何时候我们都不能放弃梦想，不是吗？"

客户："您能给我详细讲一下加盟的事情吗……"

在这个营销案例中，帽子公司的销售人员通过简单了解发现客户的心理需求之后，就借助了香奈儿的一个小故事，激发了客户创业加盟的决心。在这个故事中布满了阶层之间的冲突、男人与女人之间的矛盾、职业的歧视等（这些都是矛盾和冲突的因素所示）。而且这些内容也给客户带去了情绪上的波动和渲染，最后成功地让客户沉浸在故事的节奏中，并且迫切想要知道最后的结局。当听到最后震撼难忘的结局时，仿佛也给客户带去了答案。

因此，故事中的矛盾和冲突作用不容小觑。销售人员只有学会驾驭冲突和矛盾，才能让故事深入客户的心中。

第2章

触点：
把故事说到客户的"兴奋点"上

▼

不同层次和属性的客户对故事的要求不同，但是有些故事却是万能的，似乎只要一说出口就能立刻触动客户的某个"点"。例如，"在偌大的城市里打拼，哪有人是一帆风顺走过来的，还记得那一年……"如果你能抓住客户的"兴奋点"来讲故事，学会给故事搭配配方，那么你讲的故事就能让客户产生关键性改变。

2.1
怎样让客户对一个苹果感兴趣

在商场中,销售人员都在试图做一件事,那就是让客户停留更多的时间。这世界上的事情大都一个道理:没有无缘无故的事情,也没有没来由的行为。因此,客户为什么会在你这里多加停留,为什么会对你的产品感兴趣,这是需要理由的。销售人员需要给客户一个理由,一个让客户爱上产品的理由。

假如你只是推销一个苹果,在万千一模一样的苹果中,客户为什么独爱你的这个苹果?这就是故事的魅力。因此,你必须要学会通过讲故事的方式给客户一个对你的产品感兴趣的理由。

就好比一场竞选投票,人们往往会把大把的票投送给那个会讲趣味故事的人。也许他的表达能力不是最好的,也许他的才华不是最出众的。但是,他却最能打动人,并能给人们带去欢声笑语和感动,这就够了。

销售人员也是如此,如果你手里的苹果充满了趣味的故事,触动到了客户心里的那个"点",那么这个苹果对他来说就是独一无二的苹果。

▶▶ 一个有意思的"苹果"

说到这里我们必须要明白一点,想要让客户对你的苹果感兴趣，你必须先有一个有意思的"苹果"。

所以，销售人员必须要把自己的"苹果"装饰一番，在第一时间吸引客户的目光。在一家卖场要能经常发现新的、好玩的商品，这是一个吸引客户的理由。对于这一点，很多调研公司的问卷结果都能证明。美国一家调查公司甚至认为，客户通常会把能发现新商品列为购物的第三重要性。

因此，销售人员所在的公司需要建立完善的引进淘汰机制，形成商品的良性循环，给新商品一个展示的机会。

一个会讲故事的"苹果陈列"

销售人员可以在陈列上下功夫，总之要让你的"苹果"成功地引起客户的注意。对于一个苹果，如果你仅仅告诉客户这是某某品种，这只是一个品种的认知。

如果你把苹果的具体品种和种植户介绍给客户，并且配备上原产地的一些有趣信息或者图片，那么这个普通的"苹果"就不再普通了，因为它有了故事。

把"苹果"陈列，不仅仅是指把商品摆好让客户选购，它更是一个传递故事的桥梁，连接着商品和客户，也决定着客户的购买意愿。因此，把陈列做得有趣味，再讲一个独特的故事，这无疑就成功地吸引住了客户。

有趣的销售人员

想要让客户成功购买你的"苹果"，仅上述两点还不够，还需要有一个真正有趣味的销售人员。因为这样的销售人员可以通过讲故事，甚至通过把故事装饰在自己身上的方式来影响客户。

第 2 章 触点：把故事说到客户的"兴奋点"上

例如，在情人节那天，很多商家都让销售人员打扮得非常漂亮，又或者在店门前挂上一些气球，总之，营造一种"爱情温馨"的场面。但是有一家咖啡店门前的销售人员却非常"反常"。他穿着一身小丑衣服，脸上用特效化妆，加了一滴伤心的眼泪，旁边是一个竹篮，里面有几支零散的玫瑰花瓣。见到客户时，他就用悲伤的眼睛看着客户，手捧一杯咖啡希望客户入店品尝。

客户看到这个场面之后，不免被这个伤心落魄的小丑打动，不知不觉地被牵动起情绪，从而进入了咖啡店。

这个销售人员就成功地吸引了客户，即便大家明知道这是商家的安排，但还是会消费。因为人们的行为是被心智所牵动的，销售人员的这种行为已经触动了客户的"心智"。所以，一个有趣的销售人员非常重要。

▶▶ 一个充满对比的"苹果"

想要让客户对你的"苹果"产生兴趣，有时候还需要借助外界的力量和因素。例如，可以利用对比的方式来衬托出你的"苹果"的独特之处。

当然，这也需要销售人员讲故事的能力。销售人员首先需要了解客户最迫切的需求点，然后根据这个点进行对比讲故事。

如果一个电脑销售人员发现客户对笔记本电脑的电池续航能力非常看重时，就可以对客户说："我们这款电脑的电池采用了美国最新的研发成果。这么说吧，我上周去南京出差，带着这款笔记本电脑做记录，从下高铁到酒店，再到会议中心，最后到吃晚餐，我几乎一直在使用电脑做 PPT，最后回到酒店时，才发现只使用了一半的电量，这要是换作我之前的那台××电脑，早就

'罢工'了。"

　　这个销售人员很聪明，用自己去南京出差的故事带出了这款笔记本电脑电池的续航能力，而且在结尾还巧妙运用对比方式衬托出这款电脑的优势，在最大限度上重复刺激了客户的"触点"，从而顺利地拿下客户。

2.2 矿泉水也能拯救纸媒的故事

销售人员要会讲故事，但是往往很多销售人员不知道该怎样讲出一个可以影响更多人的故事。事实上，销售人员缺少的是观察，对生活的观察。在生活、工作、学习中，总会有一些知识点或者经验，让你茅塞顿开、灵感爆棚。

很多时候，不是我们想不通，而是因为我们还没有看到。等到看到的时候，就会做得更好。如果你不信，请看下面来自日本的一家纸媒体做的事情。

日本《每日新闻》是一家传统纸媒，有着很大的名气。但是面临着互联网，尤其是移动互联网的冲击，传统纸媒仿佛失去了固有的位置。《每日新闻》也不例外，渐渐暗淡下来。为了重新提升自己报纸的影响力，《每日新闻》的营销人员拿出了一个独特的方案。那就是和一家矿泉水公司合作，将自己的内容印刷在了一批矿泉水瓶子上，并命名为 New Bottle，然后摆在超市货架里进行销售。

在定价上，New Bottle 的价格是其他矿泉水品牌价格的一半左右，再加上包装是报纸的真实内容，短时间内引发了购买热潮。因为这种做法深深影响了客户的心智，触动了客户内心的某个"兴奋点"。

《每日新闻》还借此机会，迎合互联网，在瓶身上打印了二维码，用户可以用手机扫码阅读新闻。通过这个方法，《每日新闻》重新赢回了本来抛弃纸媒的用户。

在发现 New Bottle 的市场潜能后，《每日新闻》再次推出了"捐款水"，并告知用户这批水的利润将用于不同的慈善项目，如日本大地震灾后重建基金。这个策略再次获得了大量用户的支持，进一步扩大了 New Bottle 和《每日新闻》的影响力。

通过这个故事，你看到了什么？是的，没有词穷的故事，只有你触及不到的目光。只要我们把故事说到客户的"兴奋点"上，再加以变换包装等方式，将产品凸显出来，就能获得客户的认同。

《每日新闻》把新闻、故事印在了矿泉水瓶上，给我们的启发就是，我们可以赋予产品一些生活故事，尤其筛选那些能触动客户心理迫切需求点的故事，这样就能把客户的心抓过来。具体来说有四个步骤。

▶▶ 步骤一：深入你所销售的产品

想要说出好的故事，打动客户的内心，必须要真正深入到产品中。你需要成为产品或服务的专家。当你深入研究产品或服务的每件事情的时候，你会得到比其他任何资源都要多的伟大创意。

付出真心去研究一个产品，那么这个产品自然也会回馈给你更多的灵感和创意。捕捉到这些灵感和创意，就会成为你故事的源泉。

▶▶ 步骤二：深入了解你的目标客户心理

如果问你："哪些可以激励你的潜在客户最终成为你的客

第 2 章 触点：把故事说到客户的"兴奋点"上

户？"或者"谁才是你的典型客户？"你知道答案吗？想要知道答案，就必须真正去了解你的客户。了解这些能够开阔你的视野，同时还能激发出很多好主意。

通过真诚地沟通、聊天，以及细致地观察，你才会把客户琢磨透，从内心去发现客户的需求，这样才可以说出触动客户需求点的故事。

❯❯ 步骤三：杜撰故事的文案

当你了解了产品和客户之后，就要进行故事的创作。所以，你需要学会编写一个故事文案，也可以是故事的结构和概念、内涵。写下你的故事标题和副标题。确保它们必须要能抓住客户的视线，足够引发客户的好奇心，促使客户阅读第一句话。

最终将你脑中所有关于这个对象的事情运转起来，形成一个故事文案。到此，你的故事就基本形成雏形。

❯❯ 步骤四：酝酿

在这个过程中，销售人员需要做的是总结和思考。你可以出去散步，走入人群中，深入客户行列，观察他们的生活，然后为你的故事添油加醋。

当你经过了以上四个步骤之后，就会对自己的产品和目标客户有了深入且客观的了解，在这种了解的基础上，你的故事才能真正进入客户内心，也才能把产品全方面地表达出来。有了这样的基础，无论你的产品是如同《每日新闻》那样越来越暗淡、脱离最新人群的产品，还是一些传统而普通的产品，都能通过故事得到拯救。

2.3 一个好故事应该包括的四大核心触点因素

想要触动客户，就必须要从客户内心的需求点出发。说故事也是一样，你的故事一定要触动到对方心里，这里的触动并不是"打击"，而是给对方带去安全感和慰藉。举个例子，如果一个女孩失恋了，躲在角落里伤心地哭泣。这时候你怎么安慰呢？

方案一：你走过去告诉女孩："别哭了，生活就是这样子，充满了磨难和挫折。加油，向前看，一切都会过去的。"

方案二：你走到女孩身边，拍拍她的肩膀说："喂，失恋了？有什么可哭的。我都被甩了三次了……"

你会觉得哪种方案可以让女孩好一些？很明显是方案二。如果按照方案一，想必那女孩会哭得更伤心。而在方案二中，女孩听了你的故事，很可能内心暗暗窃喜，还会对你说："哦，那你比我还惨，蛮可怜的。"

这就是人性，人们总是能从别人的痛苦中找到一些慰藉。做销售，我们要适当抓住这种心理，利用人性的特点，讲一个可以触动客户的故事。

一个好的故事，应该包括的核心触点有以下几个。

第 2 章 触点：把故事说到客户的"兴奋点"上

❥ 客户遇到了什么问题

第一个触动点就是客户的问题。客户可能会遇到很多问题，但是我们只需要关注对他来说最为重要的那一个，针对这个问题来讲故事，一定可以吸引他的注意力。

在进行一番简单地沟通之后，高明的销售人员往往能够快速了解客户最大的问题是什么。了解了这个问题之后，接下来就要针对这个问题进行筛选故事。这时候销售人员的大脑就如同精密的机器一样高速运转，快速找到适合的故事。

❥ 你的解决方案

第二个触动点就是你的解决方案。说出上述的问题之后，客户还会为你的解决方案而触动。因此，你的解决方案十分重要。面对问题，你采取什么方法来解决才能抚慰客户的心理，并且对你的产品和方案产生兴趣。这也是打动客户的一个重要点。

❥ 解决方案给客户带去什么利益

第三个触动客户的点就是你的解决方案可以给客户带去什么好处或者利益？这是一个非常现实且实在的话题。对客户而言，他的目的就是得到一定的好处和利益，如果你的解决方案没有透露出这一点，那么他断然不会接受你的提议。所以，销售人员要谨记这一点。

客户对此有何感想

当你最终呈现出了解决方案,也给客户带去了能获得的利益和好处时,客户是作何感想的呢?这也是很重要的一个触动点。他对这个方案的感想和问题是什么,他是否能够对此作出相信你的决定,所有这些都会在这个触动点中显示出来,并最终决定是否下单。

以上四个触动点的要素基本上涵盖了客户关心的主要方面。客户在讲故事时,一定要围绕这四个触动点来进行。

下面针对这四个触动点,来看一个优秀的案例:

一家信息管理公司的销售人员去拜访一位客户,这个客户是一个大公司的老板,该公司有上千名员工。本来销售人员以为这家公司可以毫无疑问地使用自己的信息管理软件,但是最后,这位客户却抛出了一个这样的问题:"我们企业的员工素质相对较低,因为很多都是农村务工人员,所以你觉得我们该不该使用信息化管理?"(这是客户的第一个触动点,他遇到了问题)。

这个问题看似很简单,但却直接影响到销售人员手上项目的"生死"。如果这个客户真觉得目前不是采用信息管理的最佳时机,那销售人员的订单就泡汤了。面对这个问题,销售人员对客户讲了一个故事:

"您所担心的这个问题,我在其他企业也碰到过。我跟您说一下他们公司发生的事情,来做参考吧。"

"这家公司和贵公司的规模差不多,员工也有上千人。由于公司是传统企业转型过来的,很多员工都是本地工人和农民。这家公司一共有50家分公司,管理人员的素质更是参差不齐。有

第2章 触点：把故事说到客户的"兴奋点"上

许多外聘的技术人员，也有元老级别的本地员工，这样的公司势必会存在很多管理问题。由此，老板自然就想到了管理软件，后来在全国众多的信息管理软件中选择了我们。经过考察，对我们很满意，于是顺利签了合同。但是在运作的初始阶段并不那么顺利，甚至老板想要放弃。"

"一开始需要采集员工的信息和数据录入，引起了很多员工的不满和抱怨。接着公司推出了强制录入的政策，这更激发了员工的抱怨心理，甚至还称系统运作不流畅，管理基础太差等问题。后来这件事传到了董事长的耳朵里，董事长非常重视，设立了调查小组，最终发现不是我们信息设备的问题，而是员工素质较低，延误甚至影响了信息的录入。最终董事长认为员工素质较低，不能适应信息化管理，于是想要放弃这款软件的引入。"

"董事长找到了公司负责信息管理的责任人，提出要放弃。可这位责任人却不同意，他恳请董事长继续使用信息管理，并且他希望董事长可以支持他。董事长很理解这位负责人的心情，于是问怎么支持。这位负责人要求董事长在公司召开全体中层管理人员会议，并且希望董事长可以在会上下定决心要引入信息管理。"

"董事长同意了，并且在会上提出了两个要求：第一，项目必须要继续进行；第二，要么换观念，要么换人。"

"会议结束之后的半个月，所有的信息数据都已经录入完毕。又过了一个月，信息管理系统正式顺利上线，目前这套软件系统已经成为他们公司不可或缺的运营管理平台。"

说完这个故事，这位客户沉思了片刻，然后点了点头。于是，这个订单就成了。

下面来分析一下这个故事，见图2-1。

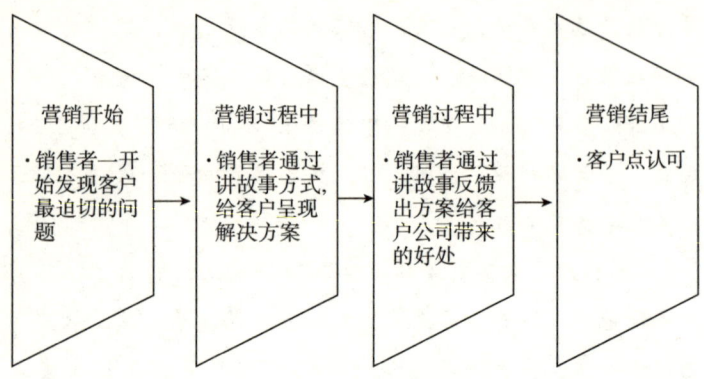

图2-1 营销中讲故事的分析

在整个销售过程中,销售人员积极抓住了影响客户触动点的四个因素,然后通过一个连贯地讲故事的方式来说服和影响了客户,最终完成了订单。

2.4
设置一个"钩子",立刻吸引客户的注意力

故事的触动点就是客户内心的"兴奋点",由此可见,销售人员讲故事的能力和技巧有多么重要。如今,几乎每个行业都离不开销售,而成功就取决于销售人员说故事的影响力和说服力。

真正高明的销售人员会在营销开始之前,先设置一个"钩子",用故事打动受众,吊住客户的胃口,吸引他的注意力。尤其是针对一个本来毫无特色甚至没有强烈吸引力的产品,优秀的销售人员更是应该设立一个"钩子",用故事吸引客户的注意力,让他打开心智的同时也打开钱袋。

◆ 给产品赋予一个具有重大意义的故事

当销售人员拿到一个从表面看让人没有任何购买欲望的产品时,他应该怎么吸引客户呢?首先,就是要想办法给这个产品赋予一个有重大意义的故事,而且在故事开端就要吸引住客户。

(1)故事第一句话就摄人心魄。只有这样才可以让客户迫切想要听下去。

（2）故事要离奇曲折，给客户带去心灵上的震撼。让客户感受到原来这个产品有如此重大的意义和来源。

我们看一看来自冰岛机场的一名销售人员的案例：

一位美国客人去冰岛度假，临走前在机场的礼品店为朋友们选购纪念品。这位美国客户非常喜欢冰岛独特的冰箱贴，而且价格也不贵，他想买两个有特色的冰箱贴。他走入一家精品店，这家商店陈列了很多冰箱贴，有冰岛地标建筑，也有精灵雕像，还有一些名家绘画，等等。一时之间，客户不知道买哪个。

忽然，这位客户注意到了一个做工略显粗糙的冰箱贴，那是一块方形木头，背面是一块小磁铁，前面画了一个红色八角星的符号，好像是小孩拙劣的涂鸦。

客户觉得这个冰箱贴制作非常粗糙，相比其他那些漂亮的冰箱贴，这个实在是不起眼。但是客户却注意到，其他的冰箱贴只卖6欧元，而这个冰箱贴却卖12欧元。客户很好奇，于是问销售人员："这个冰箱贴为什么这么贵？"

销售人员是一位年轻的金发女士，她说："先生，您真是好眼光，这个冰箱贴是冰岛渔民的魔法守护符号。"（魔法守护符号就是这个故事的开端，也是销售人员设下的一个"钩子"，用来吸引客户）。

客户当时就瞪大了眼睛，非常好奇，从眼神中可以看出他想知道更多关于这个"魔法守护符号"的故事。

于是，销售人员继续说："很久以前，冰岛第一次被维京人占领时，多数人以捕鱼为生，由于这里气候恶劣，所以捕鱼是一个很危险的职业。维京人崇拜挪威众神，渔民们就将这个八角星的魔法符号画在衣服上或刻在船上以安抚众神，为他们的捕鱼之旅带来幸运和保护。一直到现在，冰岛人都非常推崇这个符号，

第2章 触点：把故事说到客户的"兴奋点"上

称它为幸运符号。"

听完这个故事之后，这位美国客户当即就买了5个魔法守护符号的冰箱贴。

细想一下，这笔交易其实特别奇妙和神奇。当销售人员没有告诉客户这个故事之前，在客户眼中，这个冰箱贴做工粗糙，而且十分不起眼，甚至一文不值。但是销售人员说完那个融合历史、神话的故事之后，这个粗陋的小木片仿佛变得十分沉重，它身上的意义更是重大无比。客户甚至觉得即便高价买下来也是一件极其幸运的事情。

而当这位客户送给他的朋友们时，自然也会把这个故事一并送给他们。在他的朋友们眼中，这个不起眼的小冰箱贴也就成了冰岛魔法和幸运的象征，十分有意义。

▶ 用一句话告诉客户他们为什么要听你说

前面我们说到，在讲故事时应该先预设一个"钩子"，这个"钩子"主要指的是一个句子或者短语，用来告诉客户他们为什么应该听你说故事。

但与此同时，问题也就来了。你是不是一开始就这样说："让我先告诉你一个故事……"

如果你这样告诉客户，那么你就死定了——客户会快速离开或者表现出不耐烦的状态。因为这样的话语有些"命令"语气，对客户而言，他是很反感被支配的。就算你的故事准备得再生动完美，这个开端，你就已经得罪了客户。那么，你应该怎么说呢？

你可以这样说："您有所不知，上个月发生了一件事，完全改变了我对×××的看法和想法，事情是这样的……"

　　这样就很好地设了一个"钩子"，能够立即吸引客户的注意。所以，对销售人员来说，在讲故事之前的那一句话是非常重要的，不但要把握好火候，还要拿捏好分寸，让客户想要听才是最重要的。

2.5 学习"长寿村的秘密"来讲故事

故事的触动点一定要涉及客户最想要了解的那个点。这个点可以是情怀,可以是需求,可以是渴望,也可以是欲望,等等。

莫斯利安酸奶的营销就恰到好处地诠释了这一点。

莫斯利安是一款常温酸奶,营养价值非常高。2011—2014年,这个酸奶品牌的销售收入增长迅速,公开资料显示,莫斯利安在2011—2014年这4年的销售收入同比增长分别为350%、123%、106.5%和85%。如此高的增长率是怎么来的呢?这成为很多营销专家研究的课题。

先来看两个莫斯利安的营销方案,见图2-2。

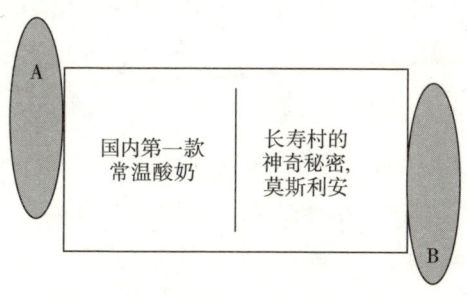

图2-2 莫斯利安的两个营销方案

这两个营销方案,哪个能够打动客户?毫无疑问是B,因为

B 是一个故事，而且是一个可以触动客户内心需求点的故事。

在莫斯利安的这个故事里，讲了一个来自保加利亚的村庄莫斯利安，这里的人非常长寿。20 世纪初诺贝尔生理学或医学奖获得者梅契尼可夫研究发现，莫斯利安人之所以长寿是因为这里的益生菌种。所以莫斯利安酸奶就在里面添加了这些益生菌种。

整个故事就是围绕着"长寿的秘密"来进行的。即便这个故事很短，或者只是一句话，那么客户也会在大脑中形成一种潜意识：喝酸奶也能长寿，而且有科学验证，看来这是好东西。在这种触动点的驱使下，客户自然会购买。

所以，销售人员要学习莫斯利安的这种营销故事，根据不同产品的性质和特点，讲述一个注入情怀、梦想、历史、神秘、证据等颇具触动点的故事，为产品建造一个妙趣横生或感人至深的背景，这样的产品还怕没人购买吗？

所以，我们应该学习"长寿村的秘密"来讲故事。

▶▶ 客户对神秘故事向来无抵抗力

神秘是客户的一个触动点。平淡无奇的故事无法吸引客户，但一个神秘莫测且关乎到客户的故事却是他不能抗拒的。犹如"长寿村的秘密"这样的故事，一个村庄的神秘气息扑面而来。这样的故事最吸引人，而且在故事里神秘与产品巧妙结合，更是给客户带去了购买的冲动和欲望。所以，销售人员不妨在故事里加入一些神秘元素。

真正优秀的神秘故事是可以穿越时空常驻人心的。例如以下这些经典的营销故事：可口可乐神秘配方的故事；江诗丹顿手表来自 1775 年的传奇制表故事；LV 品牌与泰坦尼克号旅行的故事；

第 2 章 触点：把故事说到客户的"兴奋点"上

宝马车与自行车的故事……

而在现代的品牌中，也有苹果乔布斯的传奇；张瑞敏怒砸 76 台冰箱；马云西子湖畔"18 罗汉"创业的故事；褚时健 74 岁出狱二次创业的故事……

这些故事无不带有神秘色彩，吊住了客户的胃口，吸引了客户的注意，甚至在客户内心形成了神秘的品牌印象。

》 构思为什么要讲神秘的故事

首先，销售人员必须要明白，我们用带有神秘色彩的故事想要传达的是一种什么样的品牌理念。比如，依云矿泉水，故事背后是想说明来自法国阿尔卑斯山脚下神秘的依云小镇的矿泉水，其中包含的是健康养生的生活理念。

其次，销售人员还要明白，用一个神秘的故事可以激发客户什么样的产品情感或者品牌情感？我们以张瑞敏怒砸 76 台冰箱为例。这个神秘的故事激发的是全社会对海尔产品品质的一种信任，同时包含的是人们对海尔品牌的敬佩，传达出的是一种品牌情感因素。

最后，销售人员还要明白，听完这个神秘故事之后客户会采取什么行动。正常情况下，客户会因为听到这个神秘故事而备受驱动，对品牌产生敬佩或者好奇，从而购买产品。

销售人员要本着这三点去构思一个神秘的故事，这样才能事半功倍，让故事感染客户，让客户加大购买力度。

》 构思如何讲一个神秘的品牌故事

在讲出一个神秘的故事之前，销售人员必须要学会构思故事，而一个好的构思需要掌握以下三个因素。

第一，神秘故事的目标受众是谁？

这属于定位问题，你的神秘故事必须要围绕品牌定位来展开。

第二，神秘故事中应该加入什么样的情感和信念，甚至是行动号召？

例如，很多钻石的销售人员总是会在一个神秘爱情故事中加入一些爱情的信念和神奇的事情，这样就能更好地带动客户的内心，让他们相信钻石带来的爱情的神奇魔力。

第三，神秘故事中可以引发客户主动传播和互动的关键理念是什么。

换句话说，就是你讲的神秘故事不仅可以给客户带去兴趣，还要让客户把它带到更远、更广泛的区域，形成产品或者品牌的传播。

销售人员认真把握好这三个因素，才能构思出一个神秘的品牌故事，而且这个故事也能长久不衰，深深影响客户的行为。

2.6 吸引客户的故事配方

在过去传统的营销方式中，多数企业老板强调的是数据，因此故事营销成为边缘化的一种工具。但是随着移动互联网思维和情怀思维的蔓延和发展，故事营销却成了主流。甚至在沟通与协调中，它已经变得不可或缺了，尤其在说服和影响客户方面，更是成了最主要，也是最重要的因素。

讲故事的本质是抓住客户的触动点，吸引他的注意，故事可以帮助我们抓住客户有限的时间，把信息传达到他们的脑海中，并获得他们的感情认同。

想要触动客户，必须要懂得搭配可以触动客户的故事配方。就像看病一样，只有对症下药，才能药到病除。

▶▶ 人生低谷+闪光时刻

在销售故事的配方中，首先最为有效的就是销售人员个人的经历。销售人员可以把自己的人生经历代入营销中，给客户带去认同感，让他被你的奋斗经历所打动。

每个人的奋斗尽管在细节上不同，但是大致上是一样的，经历波折、低谷，然后到闪光。所以，"人生低谷+闪光时刻"这个配方就能快速得到客户的认同。

在讲述人生低谷的故事时,销售人员尽量把过错归于自己。开诚布公地承认错误会帮助你更快地赢得机会。同时,还要尽可能地分享个人失意、错误和尴尬的瞬间。千万不要担心对方会觉得你是一个失败者,因为每个人,尤其是成功的人都会有失败经历。客户可以从你的讲述中看出你对失败的看法,而且从另一个侧面也能显示出你的品质,这样就能快速拉近你和客户的距离,让客户对你产生信任感和敬佩之心。

在讲述闪光时刻时,需要注意,这个阶段只是你人生的某个时间,并非全部时间。所以你要尽可能强调自己只是暂时地闪光,未来还有很多困难和波折。这种故事可以带给客户一种正确的价值观,客户更加肯定你的人品。

当客户通过这个配方被你打动,对你有了信任之后,你就更容易走入客户的内心。当沟通变得简单,那么销售也就不再是难事了。

》良师益友 + 一部电影(或一本书)

还有一类故事也非常能够触动客户,那就是影响你一生的人(良师益友)或者是一部电影(或一本书)。

这些发生在你生命中关键人生阶段的故事,那些可能素昧平生却对你影响至深的人,当你通过故事来呈现他们时,当你深情地表达对他们的欣赏和感恩时,也同时在表达你注重情感、不忘感恩的可贵品质。

另外,也可以是一部电影或者一本书,它们对你的人生选择起过重要的作用,甚至铸造成了这样的你——有自己坚定的信念

第2章 触点：把故事说到客户的"兴奋点"上

和选择，包括这个电影或者这本书对你的意义。

这种方式会打消你和客户之间的芥蒂。当然了，如果在事先了解的基础上讲一个客户也喜欢的电影或者书的故事那就更好了。因为人们在生活中想要找到一个志同道合、有共同兴趣的朋友实属不易。所以这个配方很容易就能触动客户，让他对你敞开心扉。

旧规矩 + 中间波折 + 新规矩

销售人员在讲故事时，不妨借助一下文学作品或剧本中的严谨结构。通常情况下，好的文学作品或者剧本作品会符合"旧规矩 + 中间波折 + 新规矩"的套路。打破传统，历经波折，获得新生活，给人们带去一种新型的思想转折。

同时，销售人员还可以运用故事线的八点法，见图2-3。

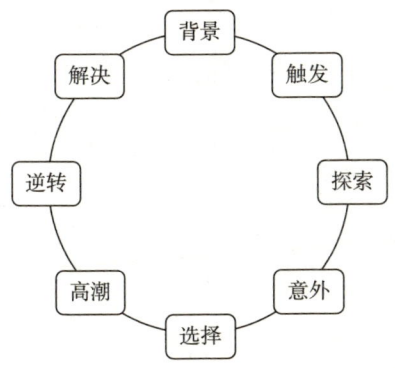

图2-3 故事线的八点法

在讲故事时，要注重这八点的运用，可以让一个平淡无奇的故事或者事情变得曲折起伏，非常刺激。

与主题无直接关联的个人经历

在好的故事配方中,还有一种配方值得研究,那就是与主题无直接关系的个人经历。这些经历可能并不符合故事配方,但却能为你的销售增加一定的深度。

例如,一家贸易公司的橱窗展柜中就陈列着一张成熟男士品红酒的照片。可以说,贸易公司与红酒并无直接关联,但是这张图片却让公司的形象更加深刻,也让客户感觉到与该公司合作的氛围,让公司形象更饱满;另外,也给客户一种贴近生活的气息。这就是这类故事的触动性,它是在人们的内心缓缓流淌的触动。

讲故事的内核和流程其实都是相同的,无非是找到合适的故事素材,然后决定讲述方式,多次进行检验,最终通过基本的反馈了解有效成分,并且加以改善。

如果你的故事本身足够精彩,那么就不要再重复用这些故事配方进行调合。对于原本精彩的故事一定要保持原汁原味,这样才能在更大程度上触动客户。

第 2 章　触点：把故事说到客户的"兴奋点"上

2.7
记住讲故事的几个错误触点方式

了解了那些可以正确触动客户的故事，接下来我们还应该知道容易出现错误触点的方式。这就好比上驾驶课，教练教会了你如何开车、停车，但是你在实际的驾驶中，还应该学习哪些是错误的停车方式，哪些是错误的开车方式。只有这样，你才能全方面地掌握驾驶技能。

销售人员在给客户讲故事时，要记住下面几个错误的触点方式，切忌触碰。

▶ 尽量不要碰触"故事"两个字

销售人员虽然要学会给客户讲故事，但是千万不能用"我给你讲个故事"这样的方式开头。更不要在故事中频频出现"故事"这个词。

事实上，用"我给你讲个故事"的方式开头，往往是对少年儿童才使用的方式。如果你对客户也这样说，客户内心很显然会觉得你是在把他当孩子看待。这是一种变相的不尊重，因此就算你的故事内容再精彩绝伦，客户也很难不反感。

在工作和生活环境中，很多人更是对"故事"一词产生负面反应,甚至还会将其与不专业或低效率联系起来。

因此,销售人员千万不要说"在开始介绍这个产品之前,请让我先讲个故事"之类的话,以免你的客户产生偏见。

❯❯ 不要过早透露结局

销售人员在给客户讲故事时,之所以能吸引客户的注意,通常是因为这个故事体现出来的悬疑和离奇色彩,他会很想知道接下来发生了什么。但是你千万不能提前告诉他这个结局,否则会适得其反。

例如,一个钻戒售货员在对一个客户说一段浪漫的爱情故事,故事说到一半,客户听得正认真,销售人员突然说:"其实最后……可当时我不懂。"那么很抱歉,你的故事白讲了,客户不会喜欢的。因为你抢答了,毁掉了之前你布下的故事套路,甚至也可能会失去这个订单。

❯❯ 不要在故事里加入生硬专业的数据

很多销售人员认为,在故事中巧妙地植入一些产品的专业数据,效果会更好。事实上这是不对的。当客户全神贯注听故事时,他的右脑正在高速运转,在感性地接受和处理故事带来的情感因素。这时候,如果你突然出现一些专业且生硬的数据,只能打乱他的思绪,甚至让他对你产生厌烦。

所以,讲故事就要从一而终,如果故事要涉及呈现产品的特色时,可以用一些事迹代替数据。

例如,马可波罗瓷砖品牌的销售人员在进行训练时,就会特别注意这一点。以往马可波罗瓷砖的销售人员经常跟客户讲一些故事,在故事讲到一半时,经常会生硬地冒出一句"马可波罗瓷砖在整个 2016 年的品牌价值是 219.75 亿元"。

销售人员特别希望能快速表达出马可波罗瓷砖的厉害和优秀,让客户看到或者体会到。但欲速则不达,当客户沉浸在故事中时,你突然说这样一组数据,不但不会触动客户的"兴奋点",甚至还会触动客户的"厌烦点"。

事实上,销售人员与其说 219.75 亿元,不如在故事中加入马可波罗瓷砖拥有国内唯一的一个"民用建筑陶瓷博物馆"的桥段更有说服力,或者加入马可波罗瓷砖还拥有一家篮球队等信息,这些都比生硬的数据更有说服力,而且也会让客户印象深刻,形成画面感。

▶ 不要用过分的对比来讲故事

在讲故事时,销售人员可以适当运用对比的方式来"刺激"客户,但是一定要有度,而且一定要在充分了解客户的基础上选用,切不可对任何客户都进行"刺激"。

很多保险推销员总是习惯用一种"引经据典"的方式来给客户讲故事,如"某明星给孩子买了几千万的保险;某企业家又拿了几个亿去买保险……你也应该学学他们!"

对于这种"引经据典"的故事方式,要特别提醒销售人员,千万不要不分场合、不分对象地套用。因为如果你的客户是"土豪",那么没问题,你可以用这种故事触动他的"兴奋点";但如果你的客户只是一些普通阶层的上班族,你采用这样的方式就等于搬起石头砸自己的脚。

与其用过分对比的讲故事方式,不如说点和客户相关的故事，这样才能真正触动他的"兴奋点"。例如，一个普通阶层的客户要给孩子选择保险，销售人员可以和客户聊聊孩子读幼儿园的情况，聊聊隔壁邻居家的那些鸡毛蒜皮的日常小事，这样客户会觉得更加亲切，也更容易打动他。

第 3 章

引导：
用"销售逻辑"拿到主动权

　　并不是所有会讲故事的销售人员都能获得好的业绩，销售人员还需要懂得利用故事来引导客户。学会使用"销售逻辑"，用逻辑拿到与客户相处时的主动权，拥有了主动权就能牵着客户的鼻子走，接下来就可以按照自己所希望的方向发展。

3.1
搞清楚故事逻辑，才能精准引导消费

再好的故事都应该有逻辑。销售人员希望用故事影响客户时，首先就要掌握故事的逻辑性。通过故事的逻辑来引导客户，掌握主动权。

仔细回顾一下，我们每个人在听故事时，也总是会被故事的思维和逻辑引导着，被故事的人物、剧情发展所牵引，产生快感，引发深思。

例如，下面这个故事：

10年前，只有19岁的查理一个人来到了纽约，那时候他是来自英国约克郡的交换生，带着懵懂的稚气和一腔激情，从保守的英国来到了开放的美国纽约市。

在纽约，一切都是那么新奇和有趣，他不断地尝试新鲜事物。捧着一大杯咖啡走在曼哈顿的大道上，半夜去地下酒馆听爵士乐，流连在中央公园的河边写生……

他体会着纽约人的生活，融入到当地人群中，完全不会想到离别。三年之后，他就要离开这座城市。离开是他的选择，但每次离开他都有一种莫名的失落感，那种感觉就好像本来已经属于他的东西，忽然又溜走了。

待了三年的纽约，每个角落、每条街道都与他发生过不可思议的故事……在机场他恋恋不舍前来送他的好友。坐在机舱的座位上，打开随身携带的背包，发现里面有一个魔声耳机，这是同学送给他的礼物。他戴上了耳机，听到的却是纽约的一切，此时他再也忍不住泪水。

很明显，这是魔声耳机的营销故事。只是你想不到这是来自英国一家魔声耳机店铺的店主给客户讲的故事。听完这个故事之后，你甚至开始怀疑，这个店老板是不是就是故事里的那个男孩。他只是对你淡然一笑。接下来就是你开始掏钱的时刻了。

在这个故事中，思维逻辑是最重要的。从一开始人物出场就打下了逻辑基础，介绍了时间、地点、人物。接下来，人物的行踪发展，最后故事的高潮是查理要离开纽约，在机场落下不舍的眼泪。这些线索就是逻辑，贯穿了整个故事，牵引了听故事的人的每一根神经。

因此，讲故事的人在一开始就要搞清楚逻辑，因为你面对的是客户。这直接影响到你的生意好坏，你的订单成功与否。所以，你必须要捋清楚逻辑，引导客户对你的产品产生兴趣，进而做出购买行为。

在这一点上，我们可以参考一下皮克斯动画工作室（一家专门制作电脑动画的公司）的做法。皮克斯出品了很多成功的集票房和深度于一体的动画电影，如《玩具总动员》《海底总动员》以及2017年的动画电影《寻梦环游记》。接下来，我们就来看一下皮克斯说故事的独特逻辑思路。

▶ 逻辑一：为故事的主角设置一个遥不可及的梦想

首先，皮克斯认为想要打动观众，引导观众买票观看电影，

第 3 章　引导：用"销售逻辑"拿到主动权

必须要给观众带去一种情感上的享受。如果一开始就是很顺利的故事，可能没有人愿意看。所以皮克斯总是拿一些非人类的奇怪物种来做故事的角色，并给他们设置一个遥不可及、非常人思维的梦想。例如，不想做厨师的老鼠、想打败蝗虫的小虫子、想带着房子梦想环游世界的孤独老人，又或者是生长在几代人痛恨音乐的家庭却独爱音乐的男孩。

对客户来说，故事中的目标越难完成，主角面临的风险就会越大。当人物角色决定追寻目标时，故事也就开始了。接下来就是主角需要遇到一个对立的角色，以及一系列不可思议的冲突。

▶ 逻辑二：设立冲突

真正的冲突不仅仅是指两个角色的争吵、打架。更多的是通过角色赋予观众或者客户的一种内在的斗争感觉。

例如，在《寻梦环游记》中，追逐音乐梦想的男孩米格也遭遇了重重挫折，其中最大的挫折就是他撕破了偶像的真面目，找到了自己真正的亲人，但是却被扔下悬崖，无法回到人间，更无法帮助自己的太奶奶唤醒记忆，而且这也很可能会让自己太爷爷的灵魂消失。当然，最后结局改变了，出现了逆转。

因此，好故事需要的是情绪上带来的风险。皮克斯善于为电影中的人物角色堆砌对立与困难，当角色被逼到绝路上，你才会明白什么对自己是最重要的。而在这种情绪冒险的过程中，也更容易牵动观众们的情感，引导观众感同身受。

▶ 逻辑三：移情到观众身上，引导他的情感

皮克斯认为一个好的故事，必须在逻辑上具备移情作用，即

让观众感同身受。换句话说，就是要引导他的情感作出决定。

移情是切身体会别人的经历、所想所感，只有彻底理解了角色的动机和感情，才可能沉浸在故事中。而这就是皮克斯的动画电影如此感人的原因，也是为什么皮克斯动画被称为是给大人看的动画片。因为皮克斯在这一层的逻辑表达上，产生了感动，牵动了观众内心最柔软的地方。

为什么大家在看《寻梦环游记》时会掉下眼泪，因为皮克斯讲述的是一种已经被人们快要忽视的亲情。通过故事会让观众思考自己上一次和家人聚在一起是什么时候？一起祭祖是什么时候？电影中表达出来的死亡不是最可怕的，最可怕的是你的家人把你忘记。

从情感逻辑上很好地抓住了观众的内心，唤醒了大家珍惜家人的心情。仅此一点，就值得大家为这部电影掏钱买票，甚至还会不断传播给更多的朋友。

第 3 章　引导：用"销售逻辑"拿到主动权

3.2

主动逻辑："我是谁"的故事

在销售逻辑中，主动逻辑是很关键的。销售人员在和客户进行面对面谈话或者商讨时，一定要拿下主动权，只有这样你才能引导客户走上你铺下的道路。因此，你必须要掌握主动逻辑表达方式，想要做到这一点，你首先要给客户讲一个"我是谁"的故事。

当人们意识到你想要影响他们时，他们首先会问自己一个问题：站在我面前的这个人是谁？所以，销售人员就要讲一个故事，告诉他们你是谁。

这也是为什么很多演讲或者论坛讲座，演讲的人都会在第一时间讲"我是谁"的故事。因为他想要用接下来的内容影响大家，就必须要先用这种方式来证明自己是可以信任的。

讲故事要远比其他任何方式都好用。如果你的故事足够好，那么对方会自愿得出一个结论：你和你所传达的信息都是值得信任的。因此，你也就能获得主动权。

"我是谁"的故事，由外层和内层两部分构成。

❱❱ 从外层讲故事，拿下主动权

在"我是谁"的逻辑上，我们首先要在外层上进行巧妙构思。外层上的逻辑就是指你做了什么，以及你是怎么做成的，这包括你的成就、经历和未来规划等。

一个做老年公寓的年轻人，想要获得投资，拜访了很多投资方，其中有一个最大规模的投资方让他格外上心。这个投资方的老板是一位年过中旬的人，年轻人事先了解了很多这个老板的资料和信息，知道这个老板是一个非常注重亲情的人。

为了给这个老板留有一个好印象，年轻人决定用自己的故事来说服对方。

年轻人是这样讲述的："小时候爸爸妈妈去城里务工，我是外婆一手带大的。可以说，我是属于早期的'留守儿童'。印象中，外婆的家很矮小，是那种土坯房，特别简陋。夏天特别潮湿，我每天早上醒来，身上都会长满疹子。由于太痒，我时常用手挠来挠去，你看我脸上现在还有一些疤。外婆为了把那些跳蚤赶走，就去山坡上采了很多艾草，然后点火驱虫。因此，整个屋子里都弥漫着浓烟和一股呛人的味道。"

"每次爸爸妈妈回来看我，都会对我说：'长大了要好好孝敬外婆，给外婆盖大房子，盖好房子。'每当这时，外婆总说：'好房子要留给娃，我住在这里挺好的。'这句话我一直记得。"

"这两年，我和几个合伙人达成了一致，决定回到家乡修建老年公寓，这个项目遇到了很多阻碍。村子里很多老人说不需要，年轻的子女也觉得没必要。但我却认为，老人之所以说不需要是因为不想让孩子多花钱，没有人不想要住好房子。所以，我决定把这个项目继续做下去……"

客户听到这个故事之后，问年轻人："你外婆对你做老年公寓这件事是怎么想的？"

年轻人眼神黯淡下来，然后说："我外婆去年就去世了……"

第3章 引导：用"销售逻辑"拿到主动权

客户摘下眼镜，悄悄抹掉了眼角的泪水。然后说："小伙子，我也有和你差不多的遭遇。所以，我决定支持你。"

年轻人用自己小时候和外婆的生活经历讲述了一个故事，感动了客户，同时，也传达出了"我是谁"（一个早期的"留守儿童"，长大后想要回报老人的恩情，因此想做老年公寓项目）。此外，这个故事也从某种程度上与客户达成了一致，因为客户也有类似的遭遇，这就瞬间打消了距离感，彼此产生了信任，结果最终打动了客户。

❯❯ 创造和展示你的内层，通过故事让自己脱颖而出

在"我是谁"的故事中，你到底是一个怎样的人，除了要从外层的经历或者未来规划表达之外，还应该在故事中凸显出你的实力和特性。

这是属于内层的东西。想要引导客户，你还可以在讲故事时，用幽默的手法，甚至用自我调侃的方式展现出自己的实力，以及真实的自己。例如，塑造自己是一个有血有肉的人，尽可能地避免把自己的价值观直接呈献给客户，最好用暗示或者侧面方式来代替。同时，在手法上还应该要谦虚一些，与其让别人听你说取得了多么大的成就，不如说一些自己在取得这些成就时的遭遇。

总之，你需要依靠内层的东西来展示自己，而不是直接告诉客户。这样才能让你的故事走进客户心里，帮助他们亲身感受你是谁。

如果你的经历不是一个好故事，也可以讲其他的故事，只要这个故事能够从个人角度揭示"我是谁"就可以。例如，为

了表明你是一个把信仰看得很重、非常乐观、肯于坚持的人，你可以向客户讲述曼德拉的故事。用这种方式来让自己脱颖而出，唤醒客户内心对你的称赞，引导客户信任你，跟着你的思绪走下去。

第 3 章 引导：用"销售逻辑"拿到主动权

3.3

因果逻辑："为什么我会在这里"的故事

在上述主动逻辑中，我们通过讲故事让对方知道了"我是谁"。但是即使你的客户认为你是一个值得信任的人，他们仍然很想知道你与他们合作的目的是什么，这也就引出了我们这一节的内容：因果逻辑。你要让客户知道"为什么我会在这里"，换句话说，如果你想劝一个人接受你的建议，那么那个人自然就会想知道你的动机是什么。

▶ 先告诉客户你的动机是什么

在告诉对方"为什么我会在这里"时，一定要想办法在故事中传达给客户你自己将会得到什么好处。

销售人员的动机从大的方面来说其实很简单，就是引导客户购买你的产品，或者与你达成协议签合同，等等。从小的方面来看，也可能包含着个人目的，如追求财富、博得一个好名声，也可能是出于奉献精神，帮助某个团体或特定人群，等等。无论你的动机是什么，最好坦诚一点，以免影响你的可信度。

事实证明，你在向对方表达故事时，完全没必要隐藏自己的企图，只要你的目的不是过分自私、损人利己，客户通常是不会在意的。向客户坦诚自己的意图，并且用客户觉得合情合理的方式讲述你的故事最有效。

有这样一个志愿者，他服务于一家艾滋病患者关怀中心，他工作的方式就是拜访一些成功商人，目的是请求他们捐款给艾滋病关怀中心。在拜访每一个客户时，这位志愿者都不曾隐藏自己的目的，但是他会通过一个故事来引导对方。

他的故事是这样的："我到过圣城耶路撒冷。很多当地人向我解释为什么死海和加利利海不同。当地人告诉我，是因为死海没有出水口。虽然两者水源相同，但是死海的水只流进不流出。由于死海的流出通道受阻，造成了海水中盐分大量上升，让死海失去了生机。而加利利海却生命力旺盛，这是因为有水不断流进流出。"

这位志愿者讲的故事，目的性其实很强，通过要使生命保持活力，让生活有意义，帮助他人是不可或缺的这一道理，从侧面引导了商人应该捐款。这个故事不仅让商人明白了他的"来意"，而且还引导商人走入一个新的人生感悟境界。

▶ 在故事中"告诉"客户你能帮助他

销售人员在销售中必学的本领是什么？就是透过现象看到本质。客户真正需要的是什么，客户向你购买产品的背后是要解决哪些问题？千万不要只是围绕着产品讲故事，还要围绕着问题作引导。

销售人员需要先思考一下，客户向你购买产品的真正原因是什么？

（1）刚需；

（2）软需；

第3章 引导：用"销售逻辑"拿到主动权

（3）能够为自己解决问题。

销售人员只有首先把这个问题弄明白了，然后把所有问题都列出来，才能寻求到方法来解决。

很多电商网站往往会使用这种方式来引导客户消费：它们会把客户的需求和问题印在宣传册上、网站上，让客户产生共鸣，甚至唤醒客户沉睡的需求。

例如，某旅游网站推出了春节期间特价巴厘岛旅游的项目。网站利用讲故事的形式，向用户传达出可以帮助用户实现的愿望：来自北方的你，想不想在寒冷的冬季，体验一个浪漫温暖的沙滩旅行？早上去巴厘岛的沙滩上看螃蟹跳舞；中午去蓝梦岛爱之船上体验海上浮潜、海底漫步；下午体验 12 种海上漂流……让你享受一个难以忘怀的旅程。

在这短短的几句话中，不但体现出了巴厘岛旅游的特色和优势，而且还给客户带去了愿景，那就是解决了客户在寒冷的北方过春节的问题。面对荒凉的冬季，网站描述出巴厘岛的热浪和浪漫足以给客户带去刺激，让客户知道你可以帮助他实现这一切。

销售人员都要记住：永远只给客户想要的，千万不要给自己想给的。只有弄明白了这个问题，你才能真正在讲故事时，引导客户走入你的因果逻辑中。

3.4 客户逻辑:"你才是最重要的"的故事

销售人员在讲故事时,一定要遵循客户逻辑。要把故事讲到客户心里,要让客户知道他才是最重要的。在互联网思维中,用户是第一思维,任何营销活动都要围绕客户来进行。讲故事也是一样。

▶ 搞清楚你真正卖的是什么

美国经济学教授菲利普·科特勒说过:"客户买的不是钻头,而是墙上的洞。"同理,星巴克卖的其实也不是咖啡,而是一种休闲娱乐的氛围;法拉利卖的不是跑车,而是一种近似疯狂的驾驶快感和高贵;劳力士卖的也不是手表,而是一种奢侈的感觉和自信。

因此,你必须要知道你在卖什么?这个"卖什么"就是针对客户来说最重要的那个点。

例如,你是一家奶粉店的销售人员,你销售的不是奶粉,而应该是一种健康和安全的理念。面对当前"假奶粉"的泛滥,你如何把自己的奶粉在"真"和"健康"上用故事凸显出来,这就是做到了客户逻辑。

第 3 章 引导：用"销售逻辑"拿到主动权

美赞臣奶粉的销售人员会跟客户这样说："女士，我们的奶粉百年来一直为全球婴幼儿提供科学营养，因为美赞臣的创始人爱德华·美赞臣认为每个孩子都应该被善待。您知道爱德华·美赞臣起初做奶粉的梦想吗？"

"爱德华的长子泰德在很小的时候就患有先天性心脏病，严重影响进食，甚至几度徘徊在危险边缘。爱德华请了当时有'美国儿科之父'的雅各布医生来诊治，雅各布医生为泰德配制了婴儿奶粉。泰德在坚持服用一段时间之后竟然奇迹般地转危为安了。"

"看着小泰德可以香甜地喝着奶粉，爱德华百感交集。于是心底涌出了一个梦想：一定要让世上千千万万像泰德一样的孩子，可以享受到优质婴儿配方奶粉，让真正健康的配方奶粉为孩子带来健康和快乐，让所有父母都能安心。"

"1905 年，爱德华的这个梦想实现了，全球婴儿营养权威品牌美赞臣就此诞生了。一直到现在，一百多年过去了，美赞臣依然遵循爱德华的愿望，生产最安全、最让人放心的健康奶粉。一代又一代的婴幼儿在美赞臣的滋养下健康成长，您看这是我们客户的回馈，您看这些孩子多健康活泼啊……"

客户听完不但对美赞臣的健康安全问题完全放心，而且还会产生一种"原来美赞臣还有这样的故事渊源……"的感觉。

让客户充分意识到买这个品牌的奶粉可以非常放心，这就解决了客户原本对奶粉安全和健康的担忧。可以说这个销售人员非常清楚自己要卖的到底是什么。

❱❱ 多方面了解客户对哪些故事感兴趣

想要把故事讲到客户心里，首先就要明白客户对哪些故事感兴趣。

美国一家研究机构深入多个企业和客户机构展开调查，发现主要有下列几种可以吸引客户的故事类型，见图 3-1。

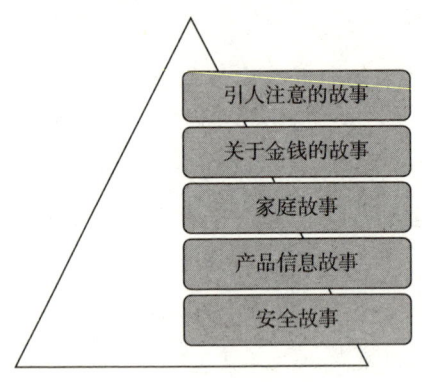

图 3-1 客户对哪些故事感兴趣

1. 引人注意的故事

这类故事可以是企业的创业史、产品开发的详细故事、励志故事等。这些内容可以让客户对你以及你的产品感兴趣，愿意听你继续说下去。但需要注意，一定要在故事中呈现出一个特色或者闪光点，只有这样客户才会喜欢。

2. 关于金钱的故事

向客户证明购买你的产品可以帮他省钱或者赚钱。没有人对赚钱不感兴趣，当然这个"金钱"不仅仅是赤裸的金钱，还可以是为客户提高效率、降低成本、提升产量等。这些一定能吸引客户的注意。

3. 家庭故事

销售人员还可以从家庭的角度来讲故事，向客户证明你的产品能让客户的家庭更和谐。

第3章 引导：用"销售逻辑"拿到主动权

4. 产品信息故事

销售人员可以将产品特点都融入你所讲的故事中，让客户对产品特性了然于胸。

5. 安全故事

销售人员要在故事中充分表明自己的产品可以确保客户的人身安全、财产安全，让客户没有任何后顾之忧。

以上这些内容都可以纳入销售故事中，优秀的销售人员可以懂得如何抓住故事的情节和乐趣，把故事说到客户的心里，从而引导和影响客户购买。

著名经济学家卡塞尔说过："商场上，不管生意大小，卖的永远是智慧。"同理，能否讲一个让客户感到受重视的故事，能否让一个故事直击客户内心最柔软的地方，这才是一个销售人员的大智所在。

所以，销售人员需要在平时多注意观察客户，深入客户的生活，然后做好故事素材的积累，最后再用自己的方式建立丰富的故事库。

3.5

情景逻辑:"愿景"的故事

讲故事之前,销售人员还应该考虑听众的收获。很多销售人员在给客户描述收获时,总是表现得特别糟糕。为什么会这样呢?因为没有给客户带去一个愿景,也就是描绘出一个画面。

例如,一个创业者,拉拢了几个合伙人一起创业,想要说服合伙人注资。于是他给合伙人描述未来的规划:"我们争取在3年之内成为业内最好的公司。"这个愿景有效吗?没有!

也许对创业者本人来说,这个愿景可以让他每天充满干劲,但这并不意味着其他合伙人也会产生干劲。因为他的描述不具体,没有场景,无法产生画面感。这就好比让你给大家描述一下一道菜的味道:"这道菜真的很不错。"这句话干巴巴的,丝毫没有给大家带去画面感,更没有愿景产生,你怎么能希望大家跟你一样产生兴趣呢?所以,你必须想方设法让对方和你产生共鸣。

例如,一家艺术公司的创业老板,为了让合伙人注资,在跟大家讲述未来愿景时,把自己描绘成了梵高,如同一个"疯子天才"带领着手下十几名员工打造一个疯狂怪异的艺术公司。

这个故事就比较有意思。曾被看成疯子的天才画家梵高,凭借对艺术的执着和天赋,最终创造出了绝世作品。这个故事也从侧面隐喻了创始人对公司的牺牲和奉献,并且让大家充分相信现

第3章 引导：用"销售逻辑"拿到主动权

在的默默无闻都是值得的，最终一定会获得丰厚的回报。这样的故事才能打动团队中的其他成员以及合伙人，激发他们的热情，让他们真切地感受到愿景。

如何才能在愿景故事中，让客户跟随你的故事走呢？

▶ 愿景要具体化

在描述愿景的故事中，销售人员一定要把愿景描述得具体化，最好把点点滴滴编织在一起，特别是那些艰难抗争和让人倍感沮丧的细节，这样才能真实可信。

一个高中生某晚和女朋友一起看了一场电影，很晚才回家。妈妈在客厅里严肃地问："晚上去哪里了？"

这时候，如果这个高中生说："没去哪里，我就是随便逛了逛。"

你认为这位妈妈会相信吗？她很可能就会怀疑，甚至察觉到孩子在早恋。

这位高中生非常聪明，他是这样回答妈妈的："哦，我放学的时候，遇到初中时的班主任于老师，就跟她打了招呼。我问她怎么会在这里，她告诉我她儿子刚转学到这个学校，然后我就见到了她儿子。于老师让我和她儿子交个朋友，还拉我一起去吃饭。我给您发过短信的，你没看见吗？您看就是这条……"

在这种情况下，如果这个学生不是经常晚上晚归，基本上他妈妈对此是深信不疑的。因为他的描述非常具体，有时间、人物、地点和事件，而这些细节会把对方带入你描述的那个场景中，对方自然就会相信你。

同样的道理，在营销中也是如此。一个汽车4S店的销售人员想要给客户介绍一款跑车的引擎效果。下面来看一下这两个方案。

A：这款跑车的引擎有静音效果，让你静享奢华体验。

这个方案不错，但是总觉得缺少了点什么，而且给客户带去的愿景也不是很强。客户听起来会感觉很抽象，没有具体的画面。

B：这款跑车的静音设计独特，假如时速在每小时90公里，那么车内能听到最大的声音只是你的电话来电铃声。

这个方案堪称完美。用最大声音是电话铃声作出具体的对比，让客户在脑海中一下形成一种愿景。

很明显，相比之下，B方案因为有足够多的细节（速度、地点、声源），更容易引导客户购买。所以讲故事时，一定要让愿景更加具体化。

▶▶ 抓住重点突出情景

给听众创造画面感，是讲好故事打动对方的核心技能。一个好的销售故事，它显然不同于我们在生活中跟朋友讲故事那样直白。

在销售现场，你给客户讲故事，往往在时间上是很有限的，这时候你必须要学会抓重点，因为你不可能有更多的时间去讲冗长的故事。所以，销售人员在讲故事时，要会选择抓住重点给客户创造情景画面感，引导客户进行感官上的体验。这种体验可以是你销售的真实产品带来的体验，也可以是引导客户进入情境的"想象"之中。

必胜客的创始人弗兰克·卡尼说过："我们卖的不是牛排，

第 3 章 引导：用"销售逻辑"拿到主动权

而是牛排的滋滋响。"从这句话中，我们能真切地感受到画面感，牛排的滋滋响是一种听觉的刺激，但是我们却可以有视觉的联想，有味觉的联想，甚至还有嗅觉的联想，这就是创造画面感带来的优势。

在移动互联网越来越发达的今天，人们的时间变得越来越碎片化，为了让故事更能深入对方内心，在故事中创造一个画面感就显得格外重要。

3.6 利他逻辑:"授人以渔"的故事

在讲故事销售中,我们有很多的机会遇上给别人传授技能的情况。同样,也有很多机会遇上被对方"气"得抓狂的情景,因为对方总是不明白你的方法。事实上,在这种情况下,与其生气,不如讲个故事,让对方明白你的初衷和目的。

这时候我们就要明白"授人以鱼,不如授人以渔"的道理。不仅要通过故事让对方学会某些东西,还应该让对方明白他们学这些东西会有什么用处。如果有人只明白你让他们做的是什么,而不了解你为什么要让他们那样做,那么这样的结果永远不会让你满意。

在营销中,时常会有这样的情况:假设你是一个销售画图软件的销售人员,要如何教人使用这样一款软件呢?一般的销售人员会跟对方讲一些技术操作层面的技巧。但是时间久了之后却发现这样的方式并没有效果。因为对方也许听得不知所云,甚至会觉得太过复杂而离开。

但是优秀的销售人员却会采用"利他逻辑",用"授人以渔"的方式来讲故事。销售人员可能会讲自己的经历,首先讲述自己是在什么样的情况下决定学会使用这个软件的,然后介绍出花了多长时间去学,最后一定要好好地给对方呈现这个软件给你带来了什么改变和好处。

当讲完这些之后，销售人员再教操作技巧就显得更加有效了。这就是"利他逻辑"在讲故事销售中的应用。

❯❯ 根据客户心理需求来设计故事线

销售人员首先必须要快速捕捉到客户的心理需求和希望得到某种问题的解决办法的实际需求，然后用故事对商品的销售主张进行独特包装，进行感性诉求，唯有这样才能找到最高效的故事切入点。

来看下面的例子：

一家化妆品柜台迎来了两个意向客户 A 和 B。A 的心理购买动机是安全感，因为 A 的肤质属于先天过敏型，很可能对化妆品过敏，所以要求化妆品无化学成分添加。

B 的真实购买动机是归属感，她希望通过购买优质的化妆品来对自己的社会角色和身份进行包装，并且找到社会认同感和归属感。

前提形成后，销售人员必须要快速进入下一轮的思考重点：我需要通过什么样的方式将我所销售的商品特质包装成客户想要的样子？销售人员需要向客户提供三种类型的购买理由：理、利、情，这三样都需要在故事中体现，即用理来呈现你的产品的卓越性能，用利来吸引客户，用情来与客户互动。

针对 A，销售人员讲故事时应在前半部分以自己身边的人或者自己试用过为例进行说明。例如："我以前有一位客户，她的皮肤可以说是非常敏感的，轻易不敢试用化妆品，就连涂口红都过敏。可是，她看到我们的商品标示的是无添加成分，就十分感兴趣，然后鼓起勇气挑战了一下，后来发现真的没有问题。所以，你可以先看一下我们的产品宣传单，里面对商品的成份有详细的数据说明和分析。在服务过那位客户之后，我对敏感性皮肤也进行了很多的研究，并积累了一些知识，如在使用化妆品之前，可以先在皮肤的敏感处涂抹一些维生素E；卸妆时，在使用我们的卸妆油之前先进行……"

通过这种方式，销售人员就快速地把化妆品推销出去了，而且还能给客户带去应对过敏皮肤的妙招。这样的方式就非常引人注意，而且很容易引导客户消费。

而针对B，销售人员也同样可以用"授人以渔"的利他逻辑。例如，可以这样说："我觉得你的相貌很像××卫视的×××主持人，巧的是她还是我们商品的形象代言人。她最喜欢使用我们的这款化妆品，这款化妆品可以让她在节目上更加亲切而且更显气质，您也可以尝试，我会给您提供一个和她一样的搭配方案，一定让您在人群中特别出众。不仅如此，很多知名女性都是我们的忠实客户。"

▶ 给客户带去他不知道的"小秘密"

上述案例中，在对A的销售中，我们发现，销售人员的一个技巧就是给客户带去了一些化妆的"小秘密"，尤其是一些针对敏感性皮肤的保护和化妆技巧。通过这些方式来吸引客户。所以，销售人员在讲故事时，可以夹杂着产品介绍、故事描述，以此给客户带去一些他所不知道的"小秘密"。

当然了，这个"小秘密"必须是有价值的，让客户可以从中学习到一些实用的技巧。

第3章 引导：用"销售逻辑"拿到主动权

例如，销售人员给客户推销一款睡眠床垫时，如果讲了一个故事，那么在故事的中间或者前后处都可以夹杂这款床垫的神秘功能。此时可以说："您有所不知，我们老板的妻子曾经经常失眠，老板为了让妻子睡眠更好，特别选择了这款从德国进口的睡眠床垫。设计师告诉老板，如果在睡觉前调节好床垫上的音乐按键，伴随着柔和的音乐会更快入睡。此外，我们老板的妻子分享了一个更有意思的体验，那就是在这款床垫上还可以按摩，对改善颈椎问题尤其有效。我知道您的工作是编辑，经常坐在电脑前，对颈椎一定有所伤害，这款床垫会是您最佳的选择。"

这个销售人员用一个"老板妻子失眠"的故事把床垫的性能、特质、小技巧、秘密全都呈现了出来，给客户带去了绝对十足的吸引力，让故事既有料，又吸引人，这样就可以充分引导客户购买。

3.7

读心逻辑:"我知道你们在想什么"的故事

在讲故事销售中,如果你讲的故事让客户感觉到你读懂了他的心思,那么他们自然就会喜欢上你的故事。

事实上,想要做到这一点也并不难。只需要销售人员事先了解客户,发现他们可能在哪些方面抱有不满或有所担忧。找到了这一点,讲故事时对症下药,想要说服、影响和引导客户消费就不是难事。

假如有一个客户表面上赞同你,但实际上却并不配合,甚至并无购买之意。你怎么办呢?这时候,你可以通过讲一个故事让客户明白"我知道你在想什么",不需要说明,就可以阻止对方,还可以避免正面的矛盾。

例如,有一个电脑程序员,在给客户演说时,先给大家进行了一个简单的介绍,接下来他开始讲一个曾经带领的团队在进行数据恢复过程中出现的各种插曲和困难。客户在这些故事中明白了自己担心的问题并不是问题,都可以一一解决,因此客户也就同意了这位程序员设计开发的软件。

▶▶ 说一个"我理解你"的故事

每个人都渴望被认可,客户也是如此。尽管他很可能会掏钱

第 3 章　引导：用"销售逻辑"拿到主动权

购买，但他仍然希望被人认可，所以讲述一个"我理解你"的故事，你的客户会觉得你读懂了他们的心思，知晓了他们的秘密想法。如果能够指出客户的观点，洞悉客户的心理，那么他对你的好感度也会上升。

我们以公司创业者向投资者讲故事为例来说明如何说一个"我理解你"的故事。

许多的创业者往往一提到"讲故事"这三个字，就会觉得自己明明是在本本分分地做产品，讲故事是一种"骗"投资人的方法。实际上则不然，正确理解"讲故事"这三个字，才有利于创业者获得成功。

你需要通过讲故事的方式给投资者介绍一个好的投资机会。投资者如果最终决定投资，一定是觉得你的公司是一家有潜力的好公司。这首先就需要创业者看透投资者的心理，一般情况下，投资者面对的问题有以下几个。

（1）你们提供什么产品；

你们推出什么产品或服务？这些产品和服务要解决市场中存在的什么问题？

（2）你们是为谁服务的；

客户为什么需要你的产品或服务？

（3）你们与其他公司有何与众不同之处；

公司的管理团队有哪些成员？他们有何优势？他们在一起为什么会成功？

（4）为什么是现在找投资。

公司所针对的市场空间如何？成长性如何，竞争状况如何？

在这里，创业者需要明白一点，你并不是拿各种要点向投资者证明你的公司有多好，而是给投资者讲述一个商业故事。通过这个故事让投资者认可你的创业方案。

创业者就好比一部电影的编剧和导演，你不是依靠大牌演员、逼真的道具、绚丽的服装等让观众感动，而是让他们进入你的故事情节，被故事感动。这需要在剧本也就是故事蓝本——商业计划书中描述一个商业故事。按照上述投资者最关心的四个问题，你要给投资者讲述的故事应当是这样的：

首先，在故事开端，你需要讲述一下环境。例如，你发现有很多人面临某些问题，你要为他们提供一种产品或服务让他们去解决这些问题。这个问题具有一定的普遍性，通过你的产品或服务能够从用户那里获得收益。

其次，在故事中，你还要为投资者呈现你之所以能够做好这个产品或服务，是因为你们有一个非常团结、非常有实力的团队支撑。

最后，指出面对市场发展，你的公司处于前沿阶段，抢占了市场先机和份额，并表示未来的市场空间会更大，你们公司有机会成为行业领导者。

用这种方式来讲故事，足以给投资者带去心理上强大的安全感，让投资者觉得投资你的公司是非常正确的。投资者在你的故事里得到了他所想要的答案，自然就会投资。

▶ 5秒钟读出客户的心理

通过故事来影响一个人不是盲目地行动，重要的是要快速攻下他的心理需求点。当然，越快抓住对方的心理，就越容易成功引导对方。那么如何才能做到呢？5秒钟够不够？

也许你觉得5秒钟太短了，也就一眨眼的功夫，但在现实中,你能获得的,常常只有 5 秒钟的时间。假如你奉命去处理一个刁钻客户的问题,难道你需要先准备一天半天吗?假如客户走到你的柜台前,难道你需要一天的准备时间去引导他吗?如果是这样,你的客户早就跑掉了。

如何快速读懂客户的心理呢?下面我们从语言和肢体动作中来判断。

第一,从细微的语言密码中破译客户的心理。

5 秒钟时间很短,但是却足够让你从对方的语言细节中,发现他的心理变化和需求。

(1)如果客户正式开口之前首先清喉咙,多数是内心紧张或者不安,甚至可能有某种焦虑。面对这种客户,你需要的是安抚其心理和情绪。

(2)如果说话前故意清喉咙,往往是充满了对别人的警告,表达自己的不满情绪。面对这种客户,他需要的是你的配合。

(3)如果客户说话支支吾吾的,其内心多数不太踏实,或者有心虚的表现。面对这种客户,他需要的是你信任他。

(4)如果客户说话的语速平和,内心多数是平静的。面对这种客户,他需要的是你耐心地倾听。

(5)如果客户说话模棱两可,心中往往会有很多疑虑。面对这种客户,他需要的是你对他的肯定,如一个肯定的眼神和姿态。

第二,从微小的肢体动作了解客户心理变化。

我们还可以根据客户的微动作和行为来看懂他的心理,抓住他的需求。例如,我们经常需要向客户推销产品,这时常常会发现对方有下列的小动作:

(1)歪坐在椅子上;

（2）不耐烦地眨眼；

（3）小幅度地抖腿；

（4）用手摸鼻子。

这些行为难道是巧合吗？当然不是。它们代表了同一种含义——拒绝。

行为心理学对上述4种行为的解释是这样分析的：

（1）歪坐在椅子上的坐姿表示对你的拒绝，这种行为往往十分高调，以高调的姿态表达出他对你的说服或者你的展示极其不耐烦。

（2）不耐烦地眨眼。这种客户的性格多为内敛型，说明他无法正视你，但又找不到合适的方式来逃避，所以只能通过不停地眨眼来化解窘境。

（3）小幅度地抖腿。这种客户的姿态会让他显得更加自信，但不时地抖腿也会将他内心的烦躁暴露无遗。

（4）通过摸鼻子的方式，直接表达了不接受你所说的话。在这个姿态中，如果对方的手指抵住鼻子的侧面则表示他对你有所怀疑，如果不断地摩擦则直接表示拒绝。

除了这些微动作之外，我们还需要特别注意对方的脚。脚是全身最不引人注意的部位。"藏头不藏尾"，人们在脚上隐藏得较少，但是却更准确地表达出真实心理。

美国心理学家索玛通过实验证实，在社交过程中，人们拒绝对方的第一阶段就是从脚开始的。例如，一个人在拒绝你的时候，脚在桌子底下会不停地摇摆，或者不断颠动脚部。

读懂客户的真实心理，让他明白"我理解你"，这对销售人员来说是一种本领，能够借此快速把故事说到对方心里，从而顺利地引导对方作出正确的选择。

第 4 章

信任：
拿真实的情感打消客户的疑虑

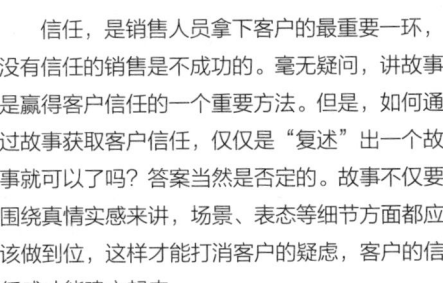

　　信任，是销售人员拿下客户的最重要一环，没有信任的销售是不成功的。毫无疑问，讲故事是赢得客户信任的一个重要方法。但是，如何通过故事获取客户信任，仅仅是"复述"出一个故事就可以了吗？答案当然是否定的。故事不仅要围绕真情实感来讲，场景、表态等细节方面都应该做到位，这样才能打消客户的疑虑，客户的信任感才能建立起来。

4.1 讲一个真实发生的故事

大文豪狄更斯说过一句话："无论什么事情，都比不上真实的生活更具影响力。"从文学的角度来看，古往今来，但凡是优秀的作品几乎都来自现实生活。因为现实的生活足够真实，有了真实就能让人在阅读时走入故事中，从而产生情感上的共鸣。不仅文学作品，就连电影作品、音乐作品也是如此，只要有真实发生的事情融入其中，一定会感动许多人。

在销售中，当你试图用故事来影响和说服一个人的时候，请务必加入真实的事例，只有这样才能在情感上迅速触动对方，让对方对你产生信任，形成情感共鸣。即便你的口才不好，语言组织能力也不强，但是故事的真实性却能牢牢抓住客户的心。

下面这个故事就是一个真实的故事：

一家英语培训公司的营销人员遇到了一位年轻人。这个年轻人是来这家培训机构考察的，希望给他年过六旬的父亲寻找一家英语培训班。年轻人的妹妹在美国生活，因为工作和复杂的生活多年未回国，父亲想去美国看望女儿，但是父亲不会说英文，害怕给女儿带来麻烦。年轻人考察了几家英语培训机构，不知道该如何作选择。这时候销售人员给他讲了一个故事：

去年也是这个时候，我们公司迎来了一位特殊的学员。那天我记得特别寒冷，外面下着冰冷的雨，这位学员推开公司大门的时候，还特别在门口站了一会儿，因为他害怕会弄脏了门口的地毯。

这位学员当时已经62岁了，他老伴几年前得癌症去世了，儿子常年在美国工作，有时候几年都不能回家。他特别想儿子，儿子也总说要让他去美国享享清福，可是他对自己的英文特别自卑，他觉得不会说英语，去了美国也只能给儿子添麻烦，所以就一直没有答应儿子。

后来他孙子出生了，这位老人就想要去儿子身边，更想去看孙子。所以他决定来学英语，希望能够给儿子带去惊喜，也不让儿子为他操心。只可惜，当时报名的时候，名额已经满了，他很懊恼。但是为了不让儿子失望，他还是亲自前来找到我们的经理，希望可以通融一下。我们经理听了他的诉求之后非常感动，于是用自己另一个班的名额给这位学员报了名。

就在前不久，这位学员还从美国给我们公司发来了视频，视频里面是他拍摄的自己在美国的日常生活，可以看出他的英语水平越来越高了……"

这个销售人员的故事里面没有华丽的语言，也没有复杂的情节，只有故事里面真实的人物和事情。由于感同身受，于是那位年轻的客户立刻给父亲报了名。

故事的真实性可以快速打消客户的疑虑，让客户感受到信任，感受到情感的共鸣，从而对你产生好感，那么就很容易影响到他买单的速度。

▶▶ 朴实是真实故事的体现

销售人员如果觉得自己没有那么多的真实故事可讲，这时候

第4章 信任:拿真实的情感打消客户的疑虑

就应该套用一种方式:朴实+情感。这也是为什么 Uber 或者滴滴出行的营销人员,在推广软件时,会注意影响客户的"右脑",将个人的情感用朴实的语言表达出来。因为朴实的语言可以让人感觉像在聊家常。这样更真实,也能够获取对方的信任。

这需要销售人员在讲故事时,一定要语言朴实,同时更要懂得渲染。

很多销售人员在讲故事时总是会陷入一个错误的方法之中,就是只有叙述,没有渲染。事实上,讲故事最基本的诀窍之一就是要渲染,不能只是叙述。当然了,渲染的前提必须是内容的真实性。与客户交流时,不要只是平铺直叙,而是要告诉他们,你做了什么以及你在这个过程中感受到了什么,用一种真实的情感去赢得对方的信任,打动他的内心,然后让他们自然而然地产生共鸣。

当你讲一个故事时,要想方设法带领客户走入故事里的场景,让他们想象自己就是主人公,而且能真切地感受故事里的人所面临的境况。这就好比马克·吐温说过的那句话:"别只是去描述一个老妇人在呐喊,要把这个读者带到现场,让读者真真切切地听到她的尖叫声。"

▶▶ 抛除过多专业、行业名词

许多销售人员在讲故事时总是照本宣科,丝毫没有感情,故事不够生动,客户听起来自然也不够认真。通常情况下,客户一上来就会排斥和抵触这样的故事。

为什么客户不爱听照本宣科式讲的故事?因为销售人员习惯使用大量专业的名词和行业术语。事实上,销售人员必须要明白，你面对的是客户，不是专家。专业术语不适合在故事中出现，它只适合在研究、理论文章、会议等场合出现。

可以让客户产生信任的故事需要有两个条件。

（1）抓住客户的意识

所谓"客户意识"是指讲故事时要意识和感受到客户在听你讲故事。

（2）自己要对自己所讲的故事有一个全面深刻的理解

提前规划好如何能够深刻真实地表现故事的内容和人物形象。

讲故事的人要时刻记住你的故事是讲给客户听的。客户在听故事时是看着你的，你也会看着客户。所以，把对方当成一个朋友，你用很自然的口语化语言，像平时讲话一样娓娓道来，把故事里的人和事一一告诉他。这样客户才会随着你亲切、自然的口头叙述走入故事的情节之中，他们的脸上也不会有排斥和抵触的表情，反而会流露出信任和满意，甚至还会跟随故事的发展时而高兴、时而紧张、时而沉思……这样讲故事才真正实现了销售人员与客户情感交流的境界，搭建了信任的桥梁。

第4章 信任：拿真实的情感打消客户的疑虑

4.2
你的表态直接关系到客户是否信任你

在销售情景中，销售人员可以用故事来拉近与客户的距离。但是，不同的表态方式却直接影响到对方是否信任你。换句话说，你一开口，就基本决定了对方是不是信任你。如果你还不明白，不妨先来看一个故事。

瑞秋是一名实习生，刚进入 A 公司。瑞秋年轻有活力，长得也非常漂亮，很招人喜欢。A 公司有一位工作了 5 年的老员工麦克，麦克为人老实，性格开朗。他与瑞秋并不在一个部门，但是却发生了一件让人摸不着头脑的事情。

一天，瑞秋在公司餐厅用餐，麦克走了过来，然后开朗地打招呼："好巧啊，你也在这里用餐啊？"

瑞秋微笑着点点头说："是啊。"

麦克看了一下她的盘子，然后继续说："你也喜欢在中午吃蔬菜沙拉？"

瑞秋继续微笑着点头说："是的。"

麦克这时候很自然地坐在瑞秋的对面，然后说："你通常都是这个时间来吃饭吗？"

瑞秋有些无奈地说："很抱歉，我吃饱了，您慢用……"说完，瑞秋向麦克露出一个尴尬的笑容，然后离开了。

很快，公司里就有他们两人的传闻。传闻说麦克在追求瑞秋，这件事甚至惊动了老板。老板找到麦克了解情况，麦克说这是子虚乌有的事情，然后他把事情的经过向老板详细地叙述了一遍。

老板听后笑着说："麦克，知道为什么大家会误解你吗？"麦克摇摇头，老板说："因为你与对方交流时，开场的表态有问题，你的问题都是局限性的，对方只能用'嗯'或'是'等来回答，这就会导致瑞秋对你产生抵触和不信任感。"

通过这个故事，我们可以看出，人们在表态上的学问很大。销售人员在营销实际情景中也是如此，如果你在表态时做得太过局限，或者说让故事过于局限性，很可能会引起客户的反感和排斥。

美国社会心理学家费斯汀格通过大量调查和研究发现，每个人在人际交往中往往最关心自己。这一点也在心理学方面得到了普遍认证。因此，在和别人交流时，如果只是顺着自己的想法，难免会让对方排斥和厌倦，从而失去交流的兴趣。

▷▷ 开口讲一个开放性的故事

想要获得客户的信任，销售人员必须要搞清楚一件事，那就是在表态上要抓住客户的口味，即开口讲一个开放性的故事。

在说开放性故事之前，我们先来看一下什么是局限性故事。局限性故事包括：

（1）只是围绕销售人员个人的故事；

（2）大家一听就知道结局的故事；

（3）不能引发大家思索的故事；

第4章 信任：拿真实的情感打消客户的疑虑

（4）无法产生互动的故事；

……

接下来，再来看一下开放性的故事包括哪些：

（1）与客户（听者）有关的故事；

（2）引发客户思考的故事；

（3）结局多样化的故事；

……

明确了解了这两种故事的类型，我们就知道销售人员在讲故事时，应该怎么做了。讲一个开放性的故事，在表态上客户一听就能明白，那么信任自然就能快速建立。

» 正确使用牵引句来表态

在故事的表态上，想要吸引客户，获得信任，就要学会使用"牵引句"，即快速抓住听众（客户）的视听。一句话，一个好的牵引句如同一个完美的鱼饵，可以让对方被你的故事吸引。善于利用牵引句的销售人员也通常会让客户在第一时间就对他产生信任。

不同的环境下，牵引句也有不同的用法，下面介绍几种常见情况下牵引句的用法。

1. 销售演讲中的牵引句用法

很多销售人员需要用到演讲，如路演、公开演讲招募等。在这个过程中，销售人员需要用讲故事的方式来引起客户和投资方的关注。让别人信任你，你可以这样利用牵引句，用一句话快速地直达听众的内心。例如，销售人员在讲故事之前先对大家说这样一句话："我今天要讲的故事可能会影响你们的一生。"

表态完这句话，相信台下的人都会停止交头接耳，格外关注销售人员口中讲的故事，这样就能很好地获得大家的注意力和信任。

2. 社交场合中的牵引句用法

在社交中，我们经常会用讲故事的方式来提升自己的魅力，成为大家的焦点或者说服别人。那么在这个场景中，想要让你的故事具有开放性，使用牵引句时，可以利用一句话快速地让听众产生好奇心。

乔布斯在2004年参加洛杉矶的一个宴会上这样吸引了参与者的关注。当时苹果产品并没有像现在这样"红"，为了吸引更多上层社会人员关注苹果公司的发展，乔布斯通过一个故事来讲述自己参加这次宴会的趣事。他为了激发大家的参与兴趣，使故事向开放的局面发展，他是这样说的："你们猜一下我刚刚遭遇了什么？"

这个牵引句一下子激起了人们的好奇心，很多人纷纷开始猜测他遭遇了什么。就这样乔布斯与宴会上的人员侃侃而谈，交流十分融洽。

3. 私密环境中的牵引句用法

很多时候，我们在与别人交谈时需要一些隐私空间，特别是这个人与你的关系很不一般时，你必须要与之进行单独交谈，你在这个隐私的空间里需要用故事说服他，那么也需要用牵引句来打开故事的开放性。

这时候，你需要利用一句话快速让对方觉得你是一个有趣的人，并且对你产生信任。你可以说："给你讲一个我长这么大做过的最糗的一件事。有一次在一个产品展销会上……"

通过这个牵引句的引导，你的客户就会逐渐被你吸引到故事

第 4 章 信任：拿真实的情感打消客户的疑虑

上面来，当他的心理情绪变得缓和舒适之后，销售人员再进行自己的目的就容易多了。

所以，销售人员在讲故事时，尽量将故事的主题开放化，让客户能够将故事牵引到自己身上。这样不仅能让客户的注意力放在你的故事上面，还能让你与对方之间的共同话题越来越多，沟通时也更加顺畅自然，彼此之间的信任也就产生了。

4.3 自嘲，摧毁客户心理防线

获得对方信任的方式有很多，有一种非常有趣，而且也十分有意思的方式，那就是自嘲。一个善于自嘲的人，一定是一个幽默而且有趣的人，同时他也能给对方带去欢乐和亲切的感觉。有了这个铺垫，那么自然就能轻易摧毁对方的心理防线。

自嘲这种方式，几乎是大部分名人在人际交往中的必杀技。巧妙运用它，不仅会让听众感受到你的幽默风趣，还会被你的魅力所吸引，打消对你的抵触心理。

获得1997年诺贝尔物理学奖的朱棣文，在一次演说中这样说道："去年登上这个讲台的，是拥有亿万身家的小说家罗琳女士，她最早是学习古典文学的学生；前年站在这里的是比尔·盖茨先生，他是一个超级富翁、慈善家和电脑高手；今年很遗憾，你们的演讲人是我。虽然我不像他们那么有钱，但至少我也算一个高手，笨蛋高手。"

朱棣文的这个自嘲式开场，不但拉近了与听众的距离，而且十分幽默风趣，瞬间吸引了听众的注意力。

销售人员在销售产品时，也可以运用自嘲的方式给客户讲故事，让客户对你产生好感，你的自嘲也能快速打消客户对你的心理防线。

第4章 信任：拿真实的情感打消客户的疑虑

▶ 用自嘲的方式说一说自己的经历

销售人员在营销过程中可谓无所不用其极，只要能拿下客户，获得客户的信任，什么方式都可以去尝试。销售人员尤其需要用幽默的自嘲（自黑）方式来说一说自己的故事。当你在"贬低"自己、嘲讽自己时，对方就会觉得你十分有意思。当然了，这并不是说销售人员要过分自黑，而是要把你的产品和自己的经历结合起来，再加入一些小故事，这样做的最终目的是让客户信任你。

我们来看一下约翰·雷义的销售技巧。

约翰·雷义是谁？他是世界上最会赚钱的人。雷义曾担任空中客车集团的销售总监（2017年12月退休），人称"Mr. Airbus"（空客先生）。在他任职的23年里，平均每天销售两架客机，他被华尔街日报称为活着的奇迹。

世界各大公司都希望能够有雷义这样的销售人员。那么他到底具有什么样的魅力和本领呢？对于这一点我们无从知晓，但是有一点我们可以肯定，他善于在推销飞机的过程中使用自嘲的方式。

有一次要向美国西北航空公司推销新机型空客A320。按照惯例，雷义先把产品的优点讲了一遍，但对方谈判负责人、西北航空副总裁奥斯汀根本不为所动。此时的雷义想起奥斯汀是飞行员出身，于是换了一个角度，谈起了自己当飞行员的经历：

"您知道我为什么会从事推销飞机这个职业吗？其实我的梦想一直是驾驶飞机。我出生于纽约皇后区，家附近就是肯尼迪国际机场，我从小的梦想就是当一名飞行员。不过高中毕业后，我并没有考入飞行学校，还不是因为橄榄球、美女、游戏害了我。你一定想不到桀骜不驯的我后来竟然进了有天主教背景的福特汉姆大学，学习哲学和神学，我想上帝一定不希望我飞上天和他肩并肩。"（说到这里，雷义的客户，那个西北航空副总裁奥斯汀哈哈大笑起来）。

"尽管如此，我觉得我还是属于蓝天，我一直没有放弃这个梦想，于是毕业后，我开起了出租车。是的，开的是出租车，因为我认为我要想开飞机，就得先会开出租车。于是我一边攒钱一边参加飞行资格培训，两年后我终于拿到了飞行教员执照，并成为一架夜间货运航班的副驾驶。我终于飞上了天空，不过是黑夜的天空"。

"可是我发现夜班飞行非常难熬，狭窄的驾驶舱、烦人的噪声，让每一次飞行都变得异常痛苦。我当时在想，上帝可能真的不喜欢我，我可能真的不属于蓝天，所以我换了个工作方向——销售飞机，希望可以把最好的飞机销售给客户。"

"就像我今天向你展示的这架飞机，新机型对驾驶舱的调整，可以让飞行员的活动空间更大、操作更舒适，而且还能省油，无论是飞行员、乘客还是商家都会很满意。如果当时有这样先进的飞机，我想我不会跟上帝妥协……"（奥斯汀又笑了起来。）

于是，一张28架空客A320，价值25亿美元的大单就被雷义轻松拿下了。

在这个过程中，雷义就使用了自嘲的方式，自黑自己飞行梦想的经历，给客户带去了一种亲切感，同时很快摧毁了客户对雷义的心理防线，并融入雷义的自嘲故事中。同时，在故事的过程中还夹杂着雷义销售的飞机的优势性能和特色介绍，让客户无法拒绝。

第4章 信任：拿真实的情感打消客户的疑虑

❯❯ 心理防御机制下的自我贬低

一般心理防御机制认为：防御机制是借助支持自尊或通过自我美化（价值提高）而保护自己及防护自己免于受伤害。但是自嘲的方式却是以自我贬低的方式来保护自己免于受到伤害。

两者之间虽然存在一定差异，但是自嘲的方式却更具勇气和自信，是一种敢于承认自己的不完美之处的表现。敢于表现自己的不完美，对他人来说一定是一种欣赏和向往。在销售过程中，如果销售人员敢于承认自己的不完美，客户一定会觉得这个销售人员非常有意思，甚至还会产生欣赏之情。

因此，销售人员要放下心理防御机制中的自我，适当自嘲，把自己的不完美真实、幽默地展现出来，这样更能拉近与客户的距离，以形成牢固的信任关系。

4.4 用现实场景做故事素材

实际上,大脑是记不住图像的,更无法准确还原图像。但是我们依然能识别出看过的景色和见过的人物,因为我们记住的,是一种感觉。我们能够将那些图像中最独特、最有趣的地方,转化成对大脑的刺激,进而被大脑记住,这也是一个抽象的提取过程。

讲故事也是这样,通过文字把抽象的事情具象化,大脑就产生了同样的感觉,也就有了场景感。故事一旦有了画面情景,无论这个故事是否平凡、普通,都会让人记忆深刻。因此,构建画面情景对讲故事来说非常重要。但是如果把这一套理论用在销售人员身上,恐怕需要更多的时间和精力去编织。而事实上,销售人员在面对客户时,是没有那么多时间的。那么,到底应该怎样给客户带去印象深刻的故事场景呢?这就需要销售人员灵活运用身边的现实场景作为故事素材。

▶▶ 利用好你所在的"场景"

销售人员所在的场景很重要,换句话说,你和客户在什么地方谈生意,那么这个地方就可以是你故事里的场景所在地。

第4章 信任：拿真实的情感打消客户的疑虑

例如，你可以在说故事时，先这样对客户说："曾经也是在这里，发生了一件不可思议的事情……"一句话不但激起了客户的好奇心，也会让客户信任你。因为你故事的场景就在眼前，这种真实感十分独到，客户对此会深信不疑。

下面我们来看一下马云在这方面的做法。

2006年，马云在杭州总部的一次高层大会上进行演讲，主要抨击高层傲慢的不良风气。他是这样说的："我看到了很多问题，也看到了我们在业务上面，在B2B方面出现了一点点的疲态，我们的增长速度并不像前面所设想的那样好……这一切都不得不引起我的反思，尤其是我发现很多干部出现了官僚主义。我在这里讲一个事，这个事是真实存在的，也是我亲眼看到的。"

"故事就发生在杭州总部，我们公司的高管约了人在楼下应聘。然而，对方在楼下大厅等了一个多小时，我们的人还没有来。我们当时的傲慢可想而知，我们把自己看得太高了，这样下去会逐渐让阿里瓦解。"

"除了这件事，我还记得有一件事，也是发生在杭州总部的事情。有一个政府官员来杭州总部视察，如同上述面试者一样，对方等待了差不多50分钟才见到我们的一个小干部。这个政府官员其实对我们公司为杭州作出的贡献感到非常骄傲，然而我们让他看到的是什么呢？是这家公司的傲慢，不重视别人，不尊重别人。这样的公司能不出现问题吗？"

马云的这两个故事看上去很随意，但是却非常有力度，因为他充分利用当前的场景来说故事，让听众深刻体会到了其中的含义。

不仅管理者应该如此说故事，销售人员在面对客户讲故事时，也应该充分利用所在的场景。

想要让客户相信你的故事，那就必须要真实。真实的故事不仅包括你利用好所在的现实场景，还应该对场景进行多角度描述，这样你才能让客户充分信任你。

增加一些具体的场景触感

很多人讲的故事之所以没人相信，是因为故事太平淡。想要增强现实场景的画面感，就需要在故事中多一些具体的触感描述。比如，"那天早上，下起了大雨，我骑着车准备去卖报。就在我走到这家店门口时，我透过玻璃看到了里面停放的一辆蓝色保时捷汽车。它太漂亮了，当时正是圣诞节，旁边有一棵圣诞树，它就在我们站的这个地方。圣诞树上的灯光一闪一闪的，衬托得那辆车真的是美轮美奂，我趴在窗户上看呆了。我从那个时候就决定，我不要卖报纸了，我要来这里上班。于是，我就站在了你面前，成了一名保时捷销售人员……"

听到这个故事的客户也会情不自禁地想象当时那个大雨滂沱的早晨，一个年轻男孩趴在橱窗上望着一辆保时捷汽车时的羡慕之情。这就给客户带去了一种真实、具体的触感。

具象描述要直白

明代诗人张岱的《湖心亭看雪》中就有这样一句话："雾凇沉砀，天与云与山与水，上下一白"，这句话的意思是，"湖面上弥漫着一片冰花，天与云与山与水，天光湖色全是白皑皑的。"

看到这样的诗句，我们的脑海里就有了一个画面情景，我们不仅看到景色，甚至在嘴里还能感受到凉气。"天与云与山与水，上下一白"，把白和天、云、山、水连在一起，具体转化抽象，

第 4 章 信任：拿真实的情感打消客户的疑虑

形成了画面，让那寂寥的雪景就仿佛出现在眼前，情景感十分强烈。因此，销售人员在讲故事时，一定要做到把抽象的精准化、具象的直白化。

▶▶ 在现实场景中设计一个"名人"

如果你在销售过程中给客户讲故事时，只是描述一种现实场景，那么就算描述得再丰富具体，也很难让客户对其产生信任。这需要你在故事里设计一个有影响力的人物，如名人。

例如，有一家火锅店的销售人员，面对客户犹豫不决时，是这样影响客户的："您坐的这个位子，是 2016 年拍摄综艺节目《奔跑吧》时邓超和陈赫坐过的，他们平时也经常一起约着吃火锅，我们这家店就是他们经常光顾的，这道菜也是邓超必点的……"有了"名人"融入在现实场景中，客户很难对此不感兴趣。

4.5 让客户进入你的故事里

讲故事是一种有形的说服技巧，销售人员更应该学会的是如何在这个有形的说服中，给客户折射出一个无形的情景，让他身临其境，融入故事里。那么如何才能做到这一点呢？很明显这需要渲染和代入。渲染一个气氛和场景，然后把客户的角色代入故事场景中，让客户亲身感受到故事的冲击力和说服力，从而让他深信不疑。

我们以英国一个最新设计的反向雨伞为例，来看一下它是如何在不景气的销售中走出一条独特的道路的。

反向雨伞刚被推出时，商家原本以为会出现抢购的现象，但却发现事实并非如此。因为销售人员不知道该如何向客户推销这把反向雨伞。销售人员觉得客户不会轻易改变这么多年来的撑伞习惯，很难说服他们使用反向雨伞。所以，首要的问题不是客户不接受反向雨伞，而是销售人员根本不知道怎么推销它。

但是有一家销售店却成功地将这种雨伞销售了出去。下面，我们就结合这家的经验和方法，来逐一进行分析。

▶▶ 把客户代入生活的麻烦中

针对反向雨伞销售不成功的问题，这家店的销售经理经过反

第4章 信任：拿真实的情感打消客户的疑虑

思，发现根本原因是找不到客户与反向雨伞的联系。于是他决定用讲故事的方式把客户代入生活中常见的麻烦事情之中，并且给予解决方案（当然是反向雨伞）。首先就要让客户成为故事的主人。

例如，面对一位年轻的男士，销售人员是这样对客户说的：

"每次下雨，你急匆匆地撑伞跑回家，结果发现竖在墙边的雨伞把家里干净的地板弄得湿漉漉的。每次你是不是都会听到老妈的抱怨：'干吗又把伞带进屋里，不能放在外面吗？我刚拖完地。'看到老妈痛心的眼神，可怜的你连辩解的机会都没有，你内心也会很心疼她拖了一上午地板的劳动成果吧。除了自责和愧疚，你似乎一点办法都没有。"

"如今，反向雨伞就能帮你解决这个让你头痛的难题，因为我们的雨伞采用的是疏水布料以及独特的花瓣式收束，沾在外面的雨水会被完全收进伞中。妈妈再也不用担心她辛苦打扫干净的地板被你破坏了。"

再如，面对一位职业白领时，销售人员又是这样对他说的：

"你有个非常重要的会议要在上午十点钟召开，老板让你带上计划书。于是你赶紧带上昨晚辛苦熬通宵赶出来的项目计划书，开车去公司。可是天公不作美，恰巧下起了大雨。你撑着普通的雨伞上车时，想躲进车里再收伞，但不管你怎么收，伞都好像不听话似的收不进去。你只好快速下车重新把雨伞收起来再进到车里。尽管你速度很快，但还是淋了一身雨。上车之后要赶时间，所以没有留意把伞放在什么地方，你随手一扔就放在了座位上。当你到了公司，准备下车时，发现后座上湿漉漉一片，你熬夜赶出来的计划书也变得湿漉漉的。你一路小跑来到会议室，大家都已经在那里等你了。经理看到你湿漉漉的样子很是生气，再看到已经被淋湿的文件时,更是大发雷霆。昨天的辛苦劳动成果竟然被一把雨伞毁了,你连解释的机会都没有。"

"如果一切都可以重来的话,你一定会选择反向雨伞,因为它合理的构造解决了雨天上下车的所有问题。而且由于伞面使用特殊材料,无论雨伞放在什么位置,都不会弄湿任何东西。"

这两个故事,都是把客户置身于故事当中,而且这两个故事都是生活中我们经常遇到的事情,可以说非常真实具体。所以客户会很轻易地被代入其中,也会对销售人员提出的解决方案十分认同,由此就会对销售人员十分信任,对产品产生兴趣。

▶▶ 学会在故事里做留白处理

留白,我们通常的理解就是让听者(客户)有自己的想象空间。

熟悉文学作品的销售人员应该明白,在文学作品中,多有"不着一字而形神俱备""无声胜有声"等留白。很明显,留白的作用就是渲染。在讲故事中也是如此,多一份留白,就等于给客户多带去一些想象空间,让他们得以思考,甚至进入你编织的故事情景中。

具体的做法如下:

销售人员在对客户讲故事时,可以先把一些情节元素抛出,给客户带去一个不可思议的逆转。接着最需要的就是要"暂停"一下,给客户制造一个思考的空间,这就是留白。

在这个过程中,客户往往会把大多数的留白时间用在身临其境上,带着销售人员渲染好的情绪进入这个故事的情景,他甚至还会对销售人员提出一些关于产品的想法。这也正是销售人员讲故事的目的所在。

4.6

细节，最能体现出信任

著名的演讲大师卡耐基说过一句话："一个好的故事不仅要讲出来，更要有'演'的成分。"销售人员讲故事也是如此，投入情感、掌握声音、神色等方面细节的表现，尽可能让故事更加生动逼真，只有这样你才能通过故事赢得客户的信任，获得他的认可。

》 体现细节的故事要遵循四个原则

销售人员想要给客户讲一个体现细节的故事，必须要遵循四个原则。

1. 相关性原则

故事一定是为了更好地说明主题、阐述知识点，而不仅仅是活跃气氛。任何故事都应该如此，必须要与产品联系在一起，而不能一味地为了追逐细节而忽视产品的代入。

2. 针对性原则

不同的人群对故事的理解也是不同的，所以销售人员要针对不同的客户选择不同的故事。就算是给不同的客户讲述同一个故事，也应该在细节上有所变动，有针对性才能够让每一个客户都对此产生信任和认同。

3. 向上性原则

销售人员讲故事虽然要有细节性，但是切记不可太俗，更不能是一些无畏的负面的故事。

4. 新颖性原则

故事不可太俗，也不可太旧。销售人员一定要明白新颖故事对客户的吸引力有多重要。在新颖故事的基础上加入细节元素，让故事既新颖出色又面面俱到，使客户无法拒绝。

▶ 把产品细节和故事结合起来

好的销售人员一定会讲故事，而高明的销售人员一定会把故事和产品更具体、更细节化地联合起来，给客户带去连贯的故事进行推销。

怎么才能把产品细节和故事结合起来呢？见图4-1。这就好像那个把种橙子的过程融入故事中的问题一样，看上去很难，但是褚橙却做到了。

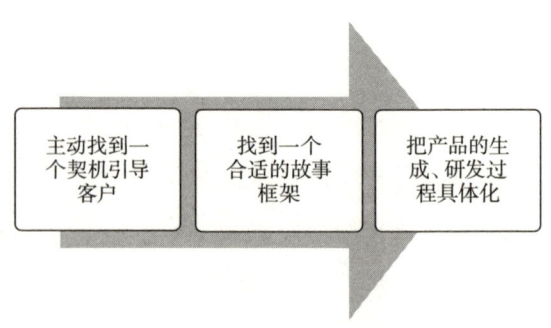

图4-1　把产品细节和故事结合起来的操作方法

第4章 信任：拿真实的情感打消客户的疑虑

下面是一家壁纸店的销售人员套用产品细节和故事结合起来的方式讲述的故事：

销售人员："×女士，您看一下您手上拿的那款法式风格的壁纸，是不是和我们店里其他壁纸有所不同？"

客户："嗯，是呀。你要不说，我还真没注意到，感觉好像哪里有不一样的地方似的。"

销售人员："其实，这款壁纸的设计是有一段插曲的。"

客户："哦？说说看。"

销售人员："当时我们的设计师在设计这款壁纸的时候缺少灵感，大家都劝他只要按照经典的图案来设计就可以了。但是，我们的设计师总是追求精益求精，他认为这样做太过随意，无法给客户带去新颖感，所以他拒绝了传统的设计。"

"为了寻找灵感，设计师特地去了欧洲旅行。在法国，他去了一位法国朋友的新家，朋友家里挂了一张法式宫廷风格的油画。从那幅油画中，设计师找到了灵感，再加上在法国生活了一段时间，他深刻地感受到了法国人的那种浪漫和华贵，最终确定了这款壁纸的样式和风格。所以，您家要是贴上这款壁纸，您的朋友到家里来做客，一定也能感受到纯粹的法式风格。"

客户："很不错，听起来蛮特别的，原来你们的壁纸在设计上如此用心。你能给我讲一下具体价格吗？"

销售人员："好的……"

在这个故事中，销售人员先是用一个契机主动引导了客户，然后选择了一个设计师和产品的故事框架，最后在框架中填入产品设计的细节问题。让客户感受到了产品设计者的用心良苦，最终赢取了客户的信任，从而有了选购的意向。

当然，除了上述可以选择设计师和产品的故事框架之外，销售人员还可以讲述产品理念的故事,也可以讲公司团队创作的故事,等等。这些都可以作为品牌故事进行传播,而且也能让客户感受到真实和具体化。

细节化故事的注意事项

销售人员在讲故事时,想要突出细节就要注意以下几个要素,见图4-2。

图4-2 细节的五要素

每个故事都应该包括这五个要素,才能算是表达清楚的故事。

(1)时间:表述要开门见山,警示性地引起听众的注意。

(2)地点:是指要尽快进入场景,这样才会突出你想表达的主题。

(3)人物:一定要在故事中突出人物的具体细节,如有名有姓,只有这样才显得真实,也方便听众厘清思路。

(4)事情:应注意具体化,描述细节化。

(5)原因:对原因的表述相对不太重要,但是却要把握时机,因为这是对听众的一个心理释放。

上述五个要素,以细节为核心,一定要表达具体化,描述细

第 4 章 信任：拿真实的情感打消客户的疑虑

节化，使客户以一致性的画面进入情节。

下面来看一下细节要素的注意事项。

1. 尽量不要用模糊的概念来讲故事

例如，"可能是 2017 年"或者"好像是三个人"……这样模糊的句子会转移客户的一部分注意力，并让故事的真实性下降，让客户对你产生怀疑。甚至直接导致你的说服力和影响力下降。因此，在表达具体的事项时，要尽量确定，不能模糊。

2. 不要用解释性的语句

销售人员在讲故事时，应该尽量用描述性的语言。例如，在描述故事的天气时：

A："那天因为下着大雨，所以我开车开得很慢。"

B："那天雨太大，我只能开到 30 公里/小时。"

相比较而言，B 的描述会更让人信服，因为它没有多余的解释就能具体化地表达出当时的情景。

3. 不要用谦虚的故事开场

很多销售人员在讲故事时，习惯用"这个故事可能你不是那么爱听，但是……"这样过于谦虚的故事开场，很可能在第一时间就打击了客户的信心，对你的信任也会直线下降。所以，销售人员在讲故事时，一定要充满自信，果断一些。

4. 不要猜测，而要用事实来侧面反衬

销售人员讲故事时，尽量不要用猜测，如果讲故事的人都猜测，那么听故事的人就会更加不信任。因此给客户讲故事时，一定要用事实来侧面反衬。这样会让故事更加逼真，让客户信任你。

5. 尽量不要使用抽象化的语言

如果你想陈述一件事，一定要具象，而不是用抽象或者笼统

的词汇加以概括。例如，描述很冷的天气，你不能总说"那天非常寒冷"，"寒冷"这个词很笼统，也很抽象。你应该很具体地说："那天零下10摄氏度，我冻得上下牙齿不停地打架……"这样听故事的人才会随着你的细节具象描述而被代入故事中。

第 5 章

植入：
借故事包装卖点更有趣味

▼

如何让客户对产品产生兴趣？其实有多种不同的方式，但有一种方式最直接，也最隐晦，那就是用故事包装产品的卖点。简单地说，销售人员首先要熟悉你的产品，找到并提炼产品的卖点，然后塑造一个故事来凸显产品的卖点。没错！就像电影中的植入广告一样，你的产品卖点也应该植入一个动听的故事中，这样客户自然就会对你的产品产生兴趣。

5.1

从"一文不值"到"非买不可"

优秀的销售人员会把一个看似"一文不值"的东西让客户毫不抗拒地接受,甚至形成"非买不可"的想法。他们讲故事时使用的技巧就是把卖点用故事的形式隐约地呈现出来,让客户从中感觉到"非买不可"。不信,就来看一下 2017 年安徽卫视推出的《谁是你的菜 3》这个节目的营销手法。

很多综艺节目总是硬性地植入广告,事实上太生硬的做法一定会令人抵触。而盲目追求品牌传播速度、不考虑与内容的契合,这也成为观众抵触的最大原因。

安徽卫视推出的这档大型季播节目——全明星美食竞技生活秀《谁是你的菜 3》,在广告植入方面就做到了与众不同。它使广告植入与内容无缝对接,巧妙地回避了强行灌输可能引起的抵触情绪,同时探索美食综艺广告植入的情感分寸。

在第三季第六期节目中,《谁是你的菜 3》迎来了一位男嘉宾何晟铭(著名演员)。常年在外拍戏的何晟铭,说起自己家里的冰箱经常空无一物,但是他却把《雍正皇帝》和手写笔记本放在冰箱里,这个举动令人好奇。何晟铭是这样说的:"我没读太多书,但总想用文字来表达心情。入行 20 年,我已人到中年,却不知为什么,总觉得人生才开始,欣欣然睁开眼后,得用不惑的思维坚韧前行。或许 20 年后归隐山林，我会见到奶奶金子般的微笑，是那么地满足和从容。"这似乎引出了一个故事，那就是他和奶奶之间的感情。

谈到冰箱里的"精神食粮"，何晟铭一边回忆起已过世的奶奶，一边眼睛里闪烁着泪光，他说："20 年里，每个人都不是一帆风顺的。我很低迷的时候，就会想起奶奶，她削甘蔗会直接用指甲，小脚每天也能走二十多里，她的坚韧给了我人生的方向和态度。"

就在大家猝不及防地被何晟铭的这种"情怀杀"感动时，下一秒节目就巧妙地进入了营销时间。何晟铭从奶奶讲起，就在讲到要把单曲《母亲的微笑》作为母亲节礼物送给妈妈时，节目适时地插入唯他可可椰子水的口播广告，主持人"隔空"祝福何晟铭的妈妈，并送出精美礼盒，说道："补充水分、美容养颜，就要喝可可椰子水，它能让阿姨永葆年轻。"这种方式瞬间让广告变得清新有趣、温情脉脉。

这种方式，让一个原本非常无聊的广告词变得有趣起来。同时，通过明星嘉宾讲故事的方式，巧妙地植入了广告，并将产品卖点适时推出，让人们在情感深处对这个产品感兴趣。

▶▶ 承接温情故事，巧妙打出产品的卖点

在讲故事的销售过程中，销售人员如何巧妙地打出产品的卖点呢？这就需要先说一个温情的故事，然后顺势找准时机把产品的卖点植入进来。要做到这一点需要满足三个条件。

（1）说一个感动对方的故事。让对方可以轻易走入你的故事中。

第5章 植入：借故事包装卖点更有趣味

（2）找到一个完美的契机。不能让客户轻易看出你的刻意植入。

（3）植入卖点要干脆利落。只说重点，不要啰唆。

例如，一位推销金龙鱼调和油的销售人员对一个客户这样说："我家孩子刚上小学，看着很多小朋友经常去学校附近的小饭馆吃小吃，我就很担心。您也知道外面的菜品真的不太健康。所以我就上网查了很多菜谱，包括一些小吃的做法，如炸香芋丸，于是我就亲自做给孩子吃，我儿子非常喜欢我做的这些小吃。父母经常给孩子下厨做菜，不但能够让孩子吃得健康，而且还能增加彼此之间的感情。当然了，做菜除了要有让人放心的食材之外，粮油更要质量过硬，三种脂肪酸1∶1∶1的金龙鱼调和油，就传递出了健康的烹饪与饮食观念，非常适合给孩子做饭……"

在这个销售中，销售人员就是先用自己给孩子做饭的故事来打动客户，让客户处于一种温情之中，并且对她的说法深有感触和认同。随后销售人员就找到一个完美的时机，把金龙鱼的卖点（三种脂肪酸1∶1∶1、健康烹饪、饮食观念）植入故事中，让客户无法拒绝。

借助新媒体来植入产品卖点

从前人们一提起电视广告就非常反感，因为这些广告不但直白，而且毫无内涵，如同一个人在电视上说废话。这样的广告没有人不反感。但尽管如此，如今电视广告依然红火，热度不减。

这是为什么呢？因为现在很多品牌学会了利用新媒体来植入产品卖点。例如，运用直播讲故事，用微电影的形式讲故事，等等。

　　举个很简单的例子,以前在电视上做手机广告,会直接讲述产品特点、产品价格等,然后说一句经典的广告台词。但是一款OPPO手机的广告却超出了我们的想象,让我们对此欲罢不能。

　　OPPO手机在2017年年底,邀请了代言人周杰伦,推出了一个微电影:《周杰伦的2000万个故事》。换句话说,OPPO没有直接在电视上向观众说产品如何好,而是采用微电影的方式,给观众呈现一个温暖感人的故事。

　　在微电影中,周杰伦化身记忆唤醒师,用琴键唤醒那些沉睡的故事和最长的电影,故事里的小宇带着小笑借助周杰伦的琴键来唤醒青春的记忆。他们结婚已经六十周年了,双方都已是白发苍苍的老人。小笑患了老年痴呆症,几乎忘记了所有的事情,但唯一记得的却是年轻时的小宇。为了找到年轻时的小宇,年迈的小宇和小笑来到了周杰伦饰演的记忆唤醒师的家里,开始找寻记忆。周杰伦用音乐唤起了小笑的记忆,青春时期的热恋,一起看周杰伦的演唱会,一起上大学、求婚、结婚、生子、变老……最后在唤醒记忆的高潮阶段,出现了贯穿整个青春和生活的照片,而这些都是来自OPPO手机的杰作。

　　微电影打动了无数的人,也让无数的观众对OPPO手机有了更新的感触和了解,从而对这款手机产生了兴趣,甚至开始纷纷购买。

5.2 用户画像分析客户需求

什么是用户画像？用户画像其实就是一种基于大数据参照下的用户需求分析。它主要有五个维度，见表5–1。

表5–1 用户画像的五个维度

人口属性	商业属性	消费特征	生活形态	CRM
·主要是指客户的性别、年龄、地域分布等	·是指客户的收入、职业、所属行业等	·是指客户在购买方面的特征，如快消品购买、美妆购买、知识付费等情况	·是指客户的生活习性、娱乐爱好和社交方式等	·是指对客户状态、会员状态终身价值等管理

按照这五个维度可以清晰、精准地对用户描绘出一个画像，从而帮助你找到客户的最大需求。

例如，你是一个家居行业的销售人员，你的用户肯定是对家居产品有需求的客户，这些客户或者是有更换家居的痛点需求，或者是有搬家的痛点需求，又或者是因为组建新家庭而对采购新家居产品有需求，这些客户通常指的都是成年人（人口属性和消费特征）。这些成年人一般事业有成，有一定的经济实力，需求旺盛（商业属性）。这些客户会经常出现在新开发的楼盘、住宅小区等地方（生活形态），如果能够在那些地方进行一些推广活动,那对于公司来说就是一种满足客户需求的有效途径。

有了一个清晰的用户画像,接下来就是好好地利用这些画像与客户进行沟通和了解,帮助他们找到适合他们的家居产品。不管你推销的是定制产品还是现货,相信都会很轻松地出单。

讲故事也是如此,只有清楚地进行用户画像分析之后,才能透彻地看清楚客户的需求,那么你的故事才能对准客户口味。高明的销售人员在讲故事之前,总是会先用一点时间来分析客户的需求,然后讲出令客户满意的故事。

❯❯ 心中有用户画像

销售人员首先要明确自己心中准备好的故事是写给谁看的。即使你是写给普通大众看的,也要想想普通大众的"口味"是什么。

例如,川菜的大众口味就是麻和辣,如果你的菜只有辣,而没有麻,就不是川菜的"大众口味"。同样,如果你的故事是准备感动对方的,但没有泪点,就是失败的。

所以,销售人员内心一定要想着客户,最根本的目的就是要与其产生共鸣。让人们在产品的故事里看到他们"自己"。也许有人会问,他们在故事里看到了"自己"的什么?答案就是用户自己的画像,就像充填在用户的生活形态中的那些相似的经历,或是一种情愫、一种情怀,又或是一股急需的正能量。而这些,都需要你给客户讲出来。

❯❯ "故事"里一定要有利益点

在销售人员设计的故事中,一定要体现出利益点。抓住了用户画像之后，接下来就要用利益来吸引客户的视线。例如，维吉达尼农产品，在其故事中传达出了两个和客户切身相关的"利益点"：一个是，这些农产品是天然的，非常可靠安全，绝对没有食品安全的忧患；另一个是，客户购买这些天然农产品的同时也是在帮助新疆的农民们，让他们赚到钱以便供子女读书。

如果客户读了你的产品故事，没有感觉到任何的"利己性"，那绝对是个失败的故事。

❯❯ 卖点要原汁原味，也要简洁

通过熟悉用户的画像，找到客户的需求，然后讲故事时，千万不要抄袭别人的故事，这样会无中生有，产生不必要的麻烦。抄袭别人的故事就好比山寨产品，一旦被客户发现，很可能会对企业产生更大的负面影响。

所以要根据用户画像原汁原味地构造故事。除此之外，还要让故事变得简洁。故事一定要在"有可读性"的原则下做到简洁至极，这样才能更快、更高效地进入客户的心里。

❯❯ 你的故事一定是可分享的

分析和了解了用户的画像之后，你的故事往往就有了针对某一类客户的点，所以这个故事一定要具备可传播和分享的特色。

5.3 将故事的重心放在卖点上

销售人员凭借所讲的故事打动客户，有时候是一件很简单的事，只需要一个带有泪点的故事就足够了。但是这个故事能否让客户买单，相对而言，就不是件容易的事了。它需要的是你在故事中突出卖点，而且这个卖点一定是客户需要的，这样他才会掏钱购买。

来看下面这两个相似的故事：

A：嘿，你知道吗？英格兰足球队队员在进场之前，点了我们家的比萨，您要不要也来一块？

B：嘿，你知道吗？英格兰足球队队员在进场之前，点了我们的金枪鱼比萨，吃完之后他们充满了能量，在上半场就进了两个球。您要来一块充满能量的金枪鱼比萨吗？

同样是比萨店的营销，B一定会更能促使客户下单。为什么？

因为B的故事中有产品的卖点，可以让客户意识到金枪鱼比萨的独特之处，从而无法拒绝。因此，销售人员在推销产品时，不能一味为了讲故事而讲故事，一定要把故事的重心放在卖点上。要记住，我们是为了销售才讲故事的。

第 5 章　植入：借故事包装卖点更有趣味

▶ 全面深入了解你的产品卖点

一个商品往往具有多种用途，这也使得这个商品具有多个卖点。销售人员在销售产品时，必须要将其最大的价值即最大的卖点推销给客户。只有这样才能引起客户最大的兴趣和好感。这就要求销售人员必须要全面深入地了解产品的卖点。

下面这个销售小故事对销售人员具有一定的启发性：

一个年轻人想要获得父亲的认可，于是打算白手起家创业。他历尽千辛万苦来到热带雨林，寻找到了一种神奇的树木。这种树木有十余米高，整个热带雨林中只有为数不多的几棵。

将这种树砍下之后外皮并不会腐烂，树心呈现出黑色，同时散发出一种奇妙的香气。若是将树木放在水中，它并不会漂浮，而是会沉入水底。

这位年轻人将这种奇妙的树木运到市场上去卖，然而却无人问津。这让他很苦恼。这时他看到旁边有销售木炭的小商贩，买的人非常多，于是他想到了一个办法。他把这种神奇的香木烧成了木炭，然后再拿到市场中，结果很快就销售一空了。

年轻人觉得自己这次能够成功正是凭借灵活的头脑，这让他感到十分自豪，于是跑回家告诉了父亲这件事，他认为父亲一定会为他感到骄傲的。但是父亲听了之后却非常生气，甚至把他大骂了一顿。原来，年轻人烧成木炭的香木，是世界最珍贵的树木——沉香。父亲说："只要切一小块磨成粉末，价值要远超过卖一年的木炭啊……"

这个故事给销售人员的启发就是，一定要搞清楚自己的产品卖点究竟在哪里。这是销售人员经常思考的问题，一种商品往往具有多种用途，并由此构成了几个卖点，人们往往看不到物品的最大价值而干了"因小失大"的蠢事。

如果你不知道产品的最大价值和卖点是什么，那么你的故事就算再精彩，客户也只是听了很感动，而不会把故事与你的产品结合起来，更不会意识到故事的重点其实就是卖点。

》在故事的转折处突出产品的卖点

在故事中突出产品卖点是有技巧的，销售人员需要找到故事与卖点的结合点。很多人讲完故事后，会非常突兀地加入一句"我们的产品特点是……"这是一种将故事和卖点严重分离的失败案例。这样的故事营销只能让客户反感。

巧妙的做法是既能将故事和卖点结合起来，而且还能突出重要卖点。想要做到这样，就要先找到那个连接点。而它会在哪里呢？其实它就在故事的转折之处。

例如，美国联邦快递就非常善于这样讲关于他们的故事。在电影《荒岛余生》中，身为联邦快递职员的男主角在遭遇空难落入荒岛之后，一直守护着一个快递包裹，即便是身在荒岛最危难和最无助的时候也没有拆开包裹。而当男主角最后被救之后，他仍然履行了他的责任，送出了最后一个包裹。

在这个故事中，联邦快递恰当地描绘出了联邦快递尊重客户的卖点，让观众对联邦快递产生了莫名的敬畏之心。

除此之外，联邦快递还曾经给客户讲述了一个让企业转危为安的故事。有一次，联邦快递因停电而造成一个小包裹遗漏，这件事的后果将违反公司准时送达的承诺。于是在转折的时间点上，联邦快递为了这个小包裹，特别租了一台直升机来运送这位

第 5 章 植入：借故事包装卖点更有趣味

"贵客"。后来这个故事成了公司广告的主轴，它显示出了联邦快递永远会把客户放在第一位的最大卖点。

通常故事的最大转折之处就是故事的高潮之处，在这个最重要的关键点上，巧妙地融入产品的卖点，这样的做法非常有效，而且也能快速激发起客户对产品的好感和兴趣，从而促使客户快速掏钱购买。

5.4 把生硬的卖点活泼生动化

很多产品身上的卖点并不突出，而且还十分生硬，针对这种情况，销售人员应该如何把卖点讲述得更加生动呢？

▶▶ 给你的产品加上历史趣味故事

这需要我们在故事中加入一些活泼的文字，以此来表达出产品的卖点。例如，轻芒杂志在介绍北京景泰蓝博物馆时是这样说的：

"景泰蓝常作为国礼赠送给外国元首，这也让我们感觉景泰蓝和我们日常生活有些距离。不过，北京珐琅厂在公司大楼的三层打造了一个景泰蓝艺术博物馆，在这里连工作间都是对外开放的，大家可以进去参观，使这门传统的老手艺和更多的人能够'坦诚相见'。"

……

"被叫作'景泰蓝'，是因为到了明朝景泰年间，这种皇家特供的'珐琅器'得到了重大发展，同时因为大量使用蓝色，于是得名'景泰蓝'。清朝时，景泰蓝经历了一个高峰，直到抗战爆发，许多珐琅作坊开始经营惨淡，有的甚至关门大吉。"

第5章 植入：借故事包装卖点更有趣味

"如果你乘电梯先来到三层的博物馆展厅，可以看到琳琅满目的景泰蓝工艺品。从景泰蓝的历史变迁，到每一步的制作工艺，展示得都非常全面。展柜里还有专门制作的精致模型，讲述了从制胎、掐丝、点蓝、烧蓝，到磨光、镀金的全部制作步骤，并附有工艺美术大师的介绍。其中一面墙壁上展示了一些老照片，是中华人民共和国成初期，林徽因受命带领美术小组抢救濒危的景泰蓝，同时这些零散的作坊合并成为北京珐琅厂，然后一直走到今天。"

如果把景泰蓝仅作为一个博物馆，描述起来就显得苦涩乏味了。但是轻芒杂志却从三个方面利用故事把景泰蓝的"卖点"绘声绘色地描叙出来。

第一，景泰蓝作为国礼出现在赠送外国元首的场合中。

这给景泰蓝带来了一层神秘感和贵气，尤其强调了景泰蓝的"贵气"。

第二，景泰蓝名字的来源。

这个故事生动形象地描述了景泰蓝的前世今生，让客户充分了解景泰蓝的由来。

第三，景泰蓝在历史的变迁中，林徽因带来的故事插曲。

在这个故事描述中，用林徽因当年的一个小插曲来描绘出景泰蓝走到今天的不易和艰辛。

这三个小故事的映射，足以把一个枯燥的博物馆描绘得栩栩如生，让客户的心绪跟随着景泰蓝的发展一路走到今天，非常生动。

▶▶ 塑造虚拟形象来生动地刻画卖点

通过塑造一个虚拟的形象来生动地刻画产品的卖点，通常指的是在新媒体下的营销。例如，可以把一些苦涩乏味的产品用卡通的形象或者故事表达出来，给观看的客户带来兴趣。这需要具备三个条件。

（1）虚拟的形象要与客户息息相关；

（2）需要一个真实可靠的背景；

（3）最后回归到客户身上。

下面是一家叫 Santander 的银行做的一个营销广告，看过的人都在感动之余，体会到了这家银行的人性化服务和良好的诚信体系。

一位小女孩丢失了心爱的小猪存钱罐，四处张贴"寻物启事"。丢失的小猪跌跌撞撞地走在大街上，遭遇了很多的磨难。从脏水沟里爬出来，然后经过马路时，差点儿被汽车撞倒，又差点儿被几个骑行车的人给轧到。

最后它终于来到大街上，想要沿着大街找寻主人的踪迹。没想到被几个吊儿郎当的年轻男孩遇到，男孩们抓住了这只小猪，听到小猪肚子里有很多钱，就开始抢夺小猪，小猪被这种突如其来的掠夺所惊吓，不知所措。

恰巧这一幕都被 Santander 的一名职员隔着玻璃看到了，他冲出来想要救小猪。不巧的是，小猪在几个年轻男孩的争夺中掉在了地上，被摔得粉碎，里面的钱币也哗啦啦掉了一地。这时男孩们看到有人过来，仓皇而逃。

这位职员看到碎了一地的小猪以及地上的钱币，默默地捡起了它们，并带回了家。这位职员用胶水把小猪一片片地黏合起来，并把掉落的钱全都重新塞了进去，小猪神奇地复活了。

这位职员给脏兮兮的小猪洗了澡，将它打扮得漂漂亮亮的，还带着它去公园散步，和其他小动物一起玩耍，他们俩度过了一

第5章 植入：借故事包装卖点更有趣味

段快乐的时光。

有一天，职员带着小猪在公园玩耍时，发现了"寻物启事"，知道了小猪的主人在寻找它。于是这位职员带着小猪前往"寻物启事"上所写的地址，希望能找到它的主人。

小猪远远地就看到了自己的小主人，一把挣脱了银行职员的怀抱，奔跑到了主人的面前。看着女孩和小猪团圆在一起，银行职员感到很高兴。女孩的家人也非常感激这位Santander的职员，见图5-1。

图5-1 Santander银行的营销广告截图

故事就这样讲完了，除了给观众带去了满满的温馨感动之外，也让人们从中看到了Santander银行所体现出的诚信、人性化等卖点。

所以，企业可以借鉴这种方法来把生硬的产品虚拟化，然后给出人性化的温暖剧情，用故事感动客户，同时体现出产品的特点，这样就会显得既生动活泼，又让人向往和喜欢。

5.5 卖点生活化，客户更感兴趣

每个产品都有自己的卖点，只不过有的比较特殊，有的大同小异。例如，一瓶化妆品，它有补水的效果，也有收缩毛孔的效果，还有美白的效果。但如果没有客户需求的介入，这样的卖点只能算是产品本身的功能，并不能称为真正的卖点。

因此，一款产品通过特色功能达成成交的条件需要满足四个要素。

1. 产品本身具有鲜明的特色和功能

假如，你是一名化妆品销售人员，你销售的某款面霜在冬季具有独特的滋润功效，要比普通面霜更水润。这一点客户可以在现场就能直观感觉出来。

2. 产品的功能可以解决客户的需求

假如，你销售的这款面霜可以很好地解决客户在冬天皮肤紧绷和爆皮的问题，同时客户在使用这款面霜之后会觉得对毛孔收缩也特别有效，而且还不会感觉油腻，这也是普通面霜做不到的。这就在很大程度上为客户解决了痛点，而这也是你产品的最大优势。

3. 客户具有相应的购买力

对于这一点很好理解，就是指产品的特色功能要与客户的购

第 5 章 植入：借故事包装卖点更有趣味

买力相匹配。

4. 现场的销售氛围让客户感觉到舒适

这个环节是决定最后能否成交的一环。

了解了这四点之后，销售人员接下来就是准确地提炼卖点。但是我们说的是如何把卖点说成故事，并最终让客户购买的问题。这就必须还要满足一个条件，那就是把产品的卖点生活化，这样讲故事客户会更感兴趣。

❯❯ 讲个家庭温暖的生活故事

什么是最贴近生活化的故事？答案是家庭。没错，最能深入客户生活，也最能让客户产生兴趣的就是家庭生活的故事。

无论你的产品是什么，营销人员都可以将产品的故事融入家庭生活的故事中，在这个过程中顺便把产品的卖点提炼出来，给客户自然而然地带去兴趣和关注。

例如，舒肤佳香皂，讲了那么多年的家庭故事，依然被客户喜爱。从小朋友玩耍角度、从父母关爱子女角度，提醒玩耍之后要洗手，吃饭前要洗手。在这个过程中推出了舒肤佳香皂的安全除菌卖点。类似的故事一讲就是二十多年，让人们对舒肤佳这个品牌印象深刻。

大宝 SOD 蜜曾经也运用这个模式给客户带去了贴近家庭生活的故事。故事中一位年轻男孩独自在大城市打拼，寒冷的冬季来临，母亲打电话告诉他，给他寄了一份礼物。男孩打开包裹看到的是大宝护肤品。父亲告诉他天气冷了，刮风，出门要记得擦大宝 SOD 蜜，不会冻坏皮肤。男孩抱着包裹，心里一阵温暖油然而升。

无论是舒肤佳,还是大宝 SOD 蜜,这些产品都抓住了生活化的家庭故事,然后把产品的特色和卖点融入其中,给客户带去了温暖的生活气息。

❯❯ 准确判断,聚焦卖点说到客户心里

在销售中,故事不能乱说,一定要对号入座。如果你无法准确判断出客户的需求和迫切痛点,你就无法把卖点说到客户的心里。因此,你首先要做的就是要精准判断客户的需求。客户的需求判断从以下三点进行:第一,客户焦急程度;第二,客户对产品的向往程度;第三,客户的购物时间。

例如,下面是容声冰箱的一位销售人员的经历:

九月的一个雨天,一对中年夫妻来到容声冰箱的实体店。销售人员一眼就看出了这对中年夫妻的需求,因为他知道,在下雨天跑出来买电器,十有八九是急用。

于是销售人员对客户进行简单的询问之后,知道这对中年夫妻家里用了十几年的冰箱突然坏掉了,但是家里却还有大量珍贵的食材需要储存,所以迫切需要购买一台冰箱。

这位销售人员还通过简单的询问和观察,发现这对客户的生活水平比较高,因此对食材的保鲜度要求高。所以销售人员快速锁定了一台最新款的冰箱推荐给他们,但相比别的款式,这款冰箱的价格明显偏高。

此时,销售人员是这样说的:"我有个小姨在美国生活,是一位家庭主妇,每次跟我打电话说得最多的就是家里的食材如何更保鲜,说美国人特别喜欢风冷保鲜。因为很多食材如果放在冷冻上面,时间长了很容易风干了,而且还有大量的冻霜。我小姨

第 5 章 植入：借故事包装卖点更有趣味

特别喜欢研究中餐，中餐最讲究的就是食材的新鲜度，她给美国客人做中餐时，客人们总是对她的厨艺赞不绝口。我小姨告诉我她认为一台好的冰箱真的很重要。以前我们的冰箱没有风冷保鲜的技术，但现在有了，而且这款容声冰箱采用的是双瀑布风道 360 度风冷保鲜，可以快速均匀制冷，有效防止食材风干，实行无霜保湿，让食材更新鲜。您可以看一下我们的样品，这里面的食材都是两个星期之前放进去的……"

很快一台容声 BCD-650WD11HPGA 650 升对开门家用变频风冷电冰箱就成功售出。

在这里，销售人员用"美国家庭主妇小姨"的故事来讲述了风冷保鲜的重要性和对生活的质量要求，由此让一对中年夫妇产生了购买之心。因为这个故事说到了客户的生活中，把客户生活中最迫切的需求说了出来，所以他们才会进行购买。

5.6 将卖点都集中在一句话的故事上

一个产品能不能让客户接受,甚至成为畅销产品,不仅取决于销售人员的卖力推销,最重要的是讲一个好的产品故事,从而触动客户的内心,引起感性购买。

那么问题来了,这需要我们解决一个问题:讲一个好的产品故事。

什么是产品故事?产品故事的另一个表达就是"品牌故事"。简单来说,是除了产品的功能外,我们赋予产品或者品牌的一种文化内涵,目的是增加产品的内在厚重感,通过生动、趣味、感人的表达方式唤起与客户之间的共鸣。

那么产品故事是不是一定要长篇大论呢?并不是。很多产品不需要长篇大论,只需要一句话就能轻易地把故事表达出来了,并且给客户带去一种深刻的启发,甚至促成购买。所以,销售人员需要学会将卖点集中在一句话的故事上。

▶▶ 把产品最大的卖点放在一句话的故事上

想要讲成一句话的故事不是一件简单的事情。你必须要用一句话把客户的购买心理想法带动起来。这就需要销售人员必须把

第 5 章　植入：借故事包装卖点更有趣味

产品最大的卖点放在这一句话上。

例如，我们最熟悉的"怕上火，就喝王老吉"。

如今很多人在生活交际和应酬中，通常会选择吃火锅、烧烤等，那么这就很容易上火。而上火是一件很让人头疼的事情，很多人会选择餐后吃清火药或者喝浓茶。如果这时候有一种饮料是去火的，那么一定会让很多人购买。所以王老吉抓住了人们吃火锅怕上火的心理痛点，说出一句"怕上火，就喝王老吉"，使人们立刻意识到购买这个饮料不但能够满足不上火的实际需求，而且好喝还能清火。所以人们一想起吃火锅，或者一提起怕上火，首先就会想起王老吉。

再如，戴·比尔斯钻石的那句"钻石恒久远，一颗永流传"。来自 1888 年的钻石大师戴·比尔斯当时几乎垄断了所有的钻石生产和贸易。为了更突出钻石的珍贵，戴·比尔斯推出了一句"钻石恒久远，一颗永流传"的营销语，从此钻石从一个高级宝石转变为一个求婚必备的礼物。这样的方式不但突出了钻石的最大卖点——求婚，更给客户带去了一种无上的浪漫意境，因此深受广大客户的喜爱。

我们需要学会这种能把产品的最大卖点放在一句话的故事技巧上。

▶▶ 出乎客户常规思维，给他带去不一样的思考

很多营销故事为什么只有短短的一句话，却能引发人们的思考和热议呢？因为企业营销是通过侧面或者反向心理去说故事，这样反而能给客户带去一个深刻的、不一样的思考。

例如，农夫山泉的那句"我们不生产水，我们只是大自然的

搬运工"。这句话非常经典,而且非常有思考意义。

这一观点,出乎客户的常规思维,简洁有力且富有内涵。这个一句话的故事广告与之前农夫山泉一直在传播的"水源地建厂,水源地灌装"完美地结合在了一起,并进行了新的阐释,给客户表达出"农夫山泉是健康的天然水,不是生产加工出来的,不是后续添加人工矿物质生产出来的"。这种差异化策略让农夫山泉和竞争对手一下子拉开了距离,而且运用了"大自然的搬运工"这句话,更是把农夫山泉的卖点突出得十分明显。把大自然精华带到我们每个人的身边,这从另一个角度上,让客户更加感谢农夫山泉。

所以,销售人员在讲故事时,可以利用超乎常规的思维去思考,从另外一种角度全面衡量产品,让客户产生深度思考。

❥ 一句话的故事,营造出来的情景要贴近生活

有些营销故事虽然也是一句话,但是由于不贴近生活,很难让客户在第一时间读懂。对于那些中小企业品牌或者新品牌,想要在一句话的故事里植入产品的卖点,首先就应该贴近生活,把一句话的故事情景生活化,让客户没有距离感,愿意主动去融入。

例如,福特翼虎汽车曾在中国的乡村做了这样一支广告,内容只有一句话,那就是"福特翼虎汽车好,山沟沟里随便跑"。这句话不但掷地有声,而且朗朗上口,重点是特别贴合山村老百姓的生活。这样的一句话不但突出了故事的元素,而且还植入了产品的卖点。"山沟沟里随便跑"很明显体现出这款汽车的高性能,能适应山村的复杂路况,所以它非常值得购买。

第 6 章

吸引：
客户犹豫时给他一个漂亮的回响

多少销售人员功亏一篑，败就败在当客户犹豫不决时，销售人员不知道该怎么办，结果是客户走了，产品也没卖出去。想要逆转这一切，销售人员必须学会用故事来吸引客户，让客户听到你的故事立刻排除内心异议，果断与你成交。

6.1

"开门红"理论：开场 3 分钟听到客户笑声

什么是销售中讲故事的"开门红"理论？即从一开始跟客户打招呼，需要在开场 3 分钟之内就听到客户的第一声笑，这就叫开门红。换句话说，要先给客户一个亲切的笑声。客户为什么会笑？因为他被你的话语吸引了，被你的幽默风趣感染了，所以他才会笑。

很多人也许会觉得，只要会讲幽默段子，就能引发客户笑。实际上这种方式并不那么科学，过分的幽默会让客户反感，甚至还会觉得你在"卖弄"。那么我们如何才能在开门就获得"开门红"呢？

▶ 用一个深奥的开场吸引住客户

很多人在与客户交流时，第一时间会选择用"套近乎"的方式，或者直接"敷衍"对方。这样的方式，客户早就见怪不怪了。例如，"女士，您的皮肤真好……"再如，"先生，一看您就是经常坐在办公室里的经理……"这些销售话术虽然没什么大问题，但是想要"开门红"恐怕是无望的。

那么我们应该怎么做呢？不妨用一个深奥的开场来吸引客

户。意思就是抛出一个让客户摸不着头脑的事物、信息（故事的引子），让客户觉得好奇，从而勾起他的吸引力。

请看下面这个销售人员的做法：

一名销售人员前往一家公司拜访一位陌生客户——张总。见了面之后，销售人员说："您好，张总。我刚才在楼下发现贵公司的人都充满了哲学智慧，尤其是您这个楼层的安保人员。"

张总有些纳闷儿，说："你说什么？我怎么听不明白呢？我的保安哪里有哲学智慧？"（很明显，这已经挑起了张总的好奇心，故事对张总的吸引力也越来越大。）

销售人员："我觉得您公司的保安大哥是一位哲学家，因为他看见我之后，表情非常平淡地问了我三个哲学中的终极问题：'你是谁？''你从哪里来？''你要到哪里去？'哎，被他这么一问，我突然不知道该怎么回答。我不禁在想'我到底是谁？我又从哪儿来，我要到哪儿去？'老实说，这三句话太有哲学深度了。我顿时陷入了一种深思之中，一直到现在还在回味。不过我刚刚已经想明白了一点，那就是一定要服务好张总，才能对得起这位保安的三问！"

话音刚落，对面的张总就发出了一阵哈哈大笑（鱼儿成功上钩，故事对他有了吸引力，他爆发出了"开门红"的第一个笑声）。

接下来，销售人员就会很自然地与客户拉近距离，然后自然又亲切地聊起生意方面的事情，努力促使这桩生意成交。

从这件事中可以看出，一个深奥的话题和故事，可以顺利打开客户的内心，吸引他的注意力。但是并非所有深奥的事情都会取得如此效果。所以，前提必须是这个深奥的话题可以做到以下两点：第一，能够给客户拔高一个层次。第二，这个深奥的信息

第 6 章　吸引：客户犹豫时给他一个漂亮的回响

与客户的公司、产品、人物有一定的联系。否则八竿子打不着的深奥事物，客户也不会感兴趣。

▶ 挑起客户精神上的愉悦，让客户满足

所谓的"套近乎"为什么很难让客户笑？这是因为销售人员不会"套"，真正高明的销售人员会把"套近乎"做得不是套近乎，而是拉家常。更重要的是，要在精神上满足客户的需求，挑起客户精神上的愉悦感，让客户满足。

首先，销售人员要快速洞察客户的心理。

其次，销售人员在内心做排除法。将以往的各种"套路"在对方身上进行排查，选出一个合适的方式。

北京前门的老北京布鞋店里，发生过这样一件事：一位来自上海的客户，在这家店里看中了一双布鞋，想要买给自己的母亲。但是对价格不太满意，更重要的是，她觉得买回去母亲穿上之后，不知道合不合适。于是犹豫不决，这时候一个销售人员走过来搭讪。

在这个案例中，销售人员丝毫没有提价格，也没有提鞋号合不合适，而是从定制的角度去说产品。因为销售人员认为这个客户的最大疑点是在于鞋的码数，所以巧妙地推出了品牌的定制服务。然后用"独一无二""倍儿棒"等信息来轻松获得了客户的"开门红"笑容。以定制撬开了客户精神上的愉悦，让客户看到了定制的高端和先进，这些都让客户忽视了价格和码数。所以这样的方式是值得每个销售人员学习和借鉴的。

6.2 拔高：抛出一个"高深"故事，"震"住客户

在与客户交流的过程中，拔高是一个很重要的环节。通过讲述一个深刻的故事，让客户认为你是一个"文化人"，从而被你的内涵和深度打动。这样的方式远远要比聊半个小时白开水式的话题更有趣味，而且也能从某种程度上"震"住客户。那么具体该如何做呢？

▶▶ 制造故事的灵魂，让客户放弃拒绝和怀疑

林肯说过："在这个世界上，人们不需要新的事实，需要的是新的故事！"这句话似乎道出了社交人际关系以及营销关系中的一个重要内涵。

的确如此，很多事实即便发生了你仍然不相信，但是很多故事即便是传说你也深信不疑。例如，一些神话故事，包括一些神话文学作品如《白蛇传》《西游记》等，这些神话故事尽管是虚构的，不存在的，但是一旦走入了故事里，人们就对此深信不疑。

正如英国诗人塞缪尔·泰勒·柯勒律治所说："当我们进入故事世界的时候，一切就变得不一样了，我们自愿放弃怀疑。"

第6章 吸引：客户犹豫时给他一个漂亮的回响

圣诞老人的故事，相信每一位家长都知道那是谎言，但他们却从不愿意向孩子们戳穿它，而且十分乐意每年都重复这个故事。我们走入迪士尼乐园，看到米老鼠、唐老鸭以及各种动漫里的人物，明知它们都来自虚构，但还是愿意相信它的存在，愿意为其买单。

这到底是为什么呢？很简单，因为这些故事有灵魂、有深度，人们会自愿放弃怀疑。

世界上有许多人喜欢走捷径，但也有一部分人喜欢下苦功夫。这部分人为了能够说服别人，努力去寻找更好的故事。多少个安静的夜晚他们都在思考：在网络故事泛滥的当下，想要靠什么赢得对方的真正信赖，获得对方的关注，挑起对方的吸引力？"千里之行，始于足下"，对于销售人员来说也是一样，好的故事必须要有深度和灵魂才可以抓住客户的心，从而让他无法怀疑。

》你的故事要有博爱的情怀

对于销售人员来说，什么是一个高深的故事，或许没有明确的答案。但是你可以从博爱的角度去深挖。或许你不相信这样宏观的说法，但只要我们仔细地想一想，任何我们深信不疑的故事里，往往都有博爱的影子。

无论是迪士尼里的童话故事，还是那些神话传说，为什么能让人们震撼，让人们为其感动，就是因为故事里充满爱的真谛。而爱，恰恰是这个世界上人们最需要的内在东西。

所以，想要通过故事去说服客户、吸引客户，首先你的故事要有博爱的深度，或者是故事一定要建立在爱的基础上去"演绎"。

▶▶ 深挖故事的背景

一个高深巧妙的故事很多时候是来自一种感觉，而这种感觉往往来自你的搜集资料。对销售人员来说，搜集资料是讲故事的基础。我们需要大量的故事素材才能够打造出一个可以让客户认可和信任并且具有深度的故事。

这就需要销售人员挖掘出你所准备的故事的背景，它包含了所有故事都具有的共同特征：时间、地点、故事过程等。当然，高深层次的故事还应当指出故事最初被塑造的原因，故事里主要人物遇到了什么样的问题和机遇，从而找到客户的潜在需求。

正如你想的那样，在故事的思维里挖掘故事背景，这就不可避免地会涉及全局观。如果销售人员缺乏全局观，那么建议销售人员首先要像搭积木一样一块一块地"拼装"你的故事。但不管你是可以直接搭建故事架构还是拼装，都不能忽视以下这两个方面的关键环节。

（1）这个故事的现状是什么样的？

（2）这个故事是怎样一步步走向深度的？

把握好这两点，然后注意自己在讲故事时是否偏离了方向，就能吸引客户了。汽车销售大王乔·吉拉德曾经遇到一个非常低调的客户，而且客户的购买意愿也不是那么强烈。为了获得客户的吸引力，乔·吉拉德给客户讲了一个故事："在德国我遇到过这样一件事情，那天我和我的德国同事一起上街。德国同事开车经过一个拐弯处时，发现了几名儿童在路边玩耍，其中一个儿童差点儿跑到了马路中间。按照我的惯例早就鸣笛了。但是我的德国同事却没有这么做。他对我说：'鸣笛很容易吓坏那个孩子，

第 6 章 吸引：客户犹豫时给他一个漂亮的回响

而且鸣笛声也属于声音污染，非常不好，不到万不得已，是不会鸣笛的。'我被德国人的高素质和文明所震撼。而在汽车的选择上，我想您也和我这位德国朋友一样，不到万不得已是不会说出你购车的理由的。"

这位低调内敛的客户听完乔·吉拉德的故事之后，有些惭愧地说："其实我是一个不善于表达的人，我想买辆车送给我的爸爸。我爸爸那辆车开了十几年，我想给他换辆新车，但他总是说不需要……"

乔·吉拉德成功撬开了对方的心门，并且掌握了销售的主动权。对于这个结果，乔·吉拉德讲的那个深奥的故事功不可没。

❥ 故事一定要有深刻转折

很多销售人员总是喜欢站在自己的角度来讲故事，但是却忘记了，故事是讲给客户听的，因此讲故事必须要站在客户的角度。特别是当对方不相信你的时候，最好在故事里加入一些转折，消除对方的怀疑。不仅如此，我们还需要在故事中适当加入一些哲理，而且这些哲理最好来源于真实、深刻的故事，这样才能让对方深信不疑。

6.3
倾听：在客户关注度之外加一个故事

在讲故事的销售中，倾听是非常重要的。很多人以为销售人员既然通过讲故事来吸引客户，那么就要突出"讲"。没错，但是想要讲得好，首先要学会听。

通常情况下，我们跟客户并不熟，如果一上来就侃侃而谈，并说出自己准备好的故事，恐怕会很生硬，而且也不会引起客户的关注，更不会吸引他。所以这时候我们需要有意识地放低身段，学会倾听。

学会倾听就够了吗？当然不够。我们还需要与客户进行互动，边听边观察，然后巧妙自然地说出故事，赢得主动权，吸引客户的注意力。

▶ 边倾听边增加故事信息

想要抓住客户的需求来讲故事，并且讲好故事，需要细致地观察和分析。很多人认为，观察和分析是分开的，先观察后分析，最后得出结论。事实上，这两者应该是同步进行的，而且还应该与倾听同步。

《孙子兵法》中指出，"知己知彼，百战不殆"。在通过讲故

第6章 吸引：客户犹豫时给他一个漂亮的回响

事影响客户之前，一定要学会倾听，了解对方的心理。这也如同富兰克林说过的话："没有好的眼睛看不清楚，没有远见成不了大事。"

倾听和观察、分析只有同步进行，才能让营销思维跟上客户的节奏。一开始你说的故事很可能不是客户想听的，那么就要根据客户的反馈来及时分析，并且作出改变，给故事增加更多的信息。

所以，销售人员需要明白一点，故事可以不必一下子抛出来，而且还可以一边倾听对方、观察对方、分析对方，一边在故事中加入新的信息，只有这样，你讲的故事才更有效。

尽管我们一直在强调，讲故事时要注意倾听和观察、分析，但是说到底，要倾听的是什么呢？观察和分析的又是什么呢？

很简单，我们可以把这两个问题比作吃早餐。早上起来，你很饿，你需要吃早餐，但是吃什么呢？这时候你会习惯性地走到厨房，打开冰箱，然后你选择了鸡蛋。你在煎蛋的时候，一边观察火候的变化，一边给鸡蛋撒点胡椒粉、盐，接着你发现差不多熟了，就盛到盘子里，最后坐下开始享用。

煎好一个鸡蛋，不仅仅是煎熟，更需要有色有味。讲故事说服一个人也是如此，首先你要想到一个故事讲给这个人听；但是讲的时候，你需要先倾听这个人的想法，观察他的举动和反馈是不是对这个故事有感觉，他是不是在逃避；同时也要观察并分析出他喜欢哪种类型故事；接着思考究竟什么样的人物能打动他，并能让他兴奋甚至尖叫起来；然后根据他的反应不时给故事加一点"盐"和"胡椒粉"，再适当增加或者减少信息量，甚至改变故事。这样你的故事才能更完美，更有影响力。

❯❯ 使用倒叙的方式，在主动权中倾听客户的想法

倾听的另一种方式不仅仅是听，而是要边听边变化。为了把这种变化掌握在销售人员手中，即掌握主动权，销售人员还需要学会一种倒叙的讲故事方式。其套路就是，先说一个故事，在这个故事中突出你的产品，给客户营造一种神秘感；然后给客户抛出问题，让客户主动询问问题，走入你设置好的"圈套"中；接着就是销售人员倾听客户提出的问题，顺势讲出产品的优势和特点。

雷军在 2016 年 8 月中旬，发布了一个小米 5 黑科技的直播，面向的是百万的粉丝（客户）。在直播正式开始之前，雷军先是说了一个故事："有一个叫×××的粉丝，他的小米手机被摔过 10 次，最后一次是从二楼掉到一楼，结果却'毫发无损'，到现在他还一直在用这款手机。他很奇怪，因为之前他用过的任何一款手机，摔个两三次，就会失灵，但小米却让他惊奇，惊奇的同时也产生了很多怀疑，他甚至怀疑会不会有一天正打着电话，电话会爆裂，或者突然没信号，等等。直到他看了我上次的直播，才发现其中的奥秘。"

小米的粉丝在直播中听到雷军这番话时，大都会想"到底这款手机有什么本领？""难道小米手机是钢铁机？"等等。也正是因为有这种"倒叙"的悬念故事，这个直播吸引了上百万人观看，为小米带来了极大的品牌影响力。

雷军的巧妙之处就是利用了粉丝身上发生的事件作为故事一开始的结果，采用倒叙，设置悬念，立刻就对粉丝产生了吸引力；然后会仔细观看粉丝通过弹幕发来的问题（倾听的过程）；与粉丝进行互动，在直播中回答粉丝的问题，这也为小米带来更多的兴趣者和客户。

第 6 章　吸引：客户犹豫时给他一个漂亮的回响

6.4

共鸣：拉近客户就要让他拍手叫好

在讲故事的营销过程中，共鸣是至关重要的。给你的客户讲一个他们感兴趣的故事，由此产生共鸣，有了共鸣就能很快地拉近关系。

在讲故事给客户的时候，销售人员一定要记住，你的故事必须要有人情味，并且要配合描述性的语言和生动的表达方法，让客户想象当故事发生的那一刻，他和你是在一起的。

当然了，想要打动客户，就要讲述那些能够引起共鸣的故事。这些故事的主角可以是你的家人、朋友或者同事。尤其是在说服别人的时候，共鸣是最好的良药，共鸣运用到位，可以让客户的情绪躁动起来，甚至快速拉近他，让他拍手叫好。

当然，这不单单是体现在说服一个人上面，还体现在多方面。现在的世界是一个快餐时代，销售人员担心无法用故事影响客户。但事实上，在这种"快"的节奏中，依然有很多好的东西能够打动客户。例如，在深圳有这样一个房地产的广告，它能让客户看到之后立刻被吸引，而且内心也会产生强烈的共鸣。这个广告只有一句话：买房子，是给你心爱的人一个家！买车位，是给你的爱车一个家！

这不仅仅是单纯的广告，因为它不是在讲房子，而是在讲生活。在那一瞬间，客户的大脑里忽然不自觉地形成了一个美好的画面，那是一个幸福的画面。无独有偶，类似的广告文案还有：世界上最遥远的距离是心爱的姑娘在餐厅等你，你却找不到车位。

这些有故事情节的广告，在这个"快餐时代"脱离了纯粹的营销广告，深入客户的灵魂，让客户为此点头拍手叫好。

把故事说到客户内心最深处

真正有共鸣的故事不在语言的多少，而在于你是否能够把故事讲到客户的内心最深处，犹如一根刺一样直接插入客户最痛的那个点，见图6-1。

首先,你要明白客户所在群体和属性	其次,善于运用总结
·了解客户的职业、奋斗历史、家庭教育、家庭环境等	·用最简练的语句表达出客户内心最深处痛点和需求

图6-1 讲故事讲进客户内心最深处的方式

做到了以上两点，那么你的故事就能进到客户的内心，与其产生共鸣。在这方面支付宝就做得非常到位。

下面是2017年支付宝对支付功能的宣传文案：

（1）今年的账单上，90%的付款记录是为了我。爱别人前，我想先学会爱自己（为悦己支付，每一笔都是在乎）。

（2）坐过55小时的火车，睡过68元的沙发，我要一步步丈量这个世界（为梦想付出，每一笔都是在乎）。

（3）我曾与很多姑娘说过情话，但让我习惯为她买早餐的只

第 6 章　吸引：客户犹豫时给他一个漂亮的回响

有你（为真爱付出，每笔都是在乎）。

（4）千里之外每月为父母按下水电费的"支付"键，仿佛我从未走远（为牵挂付出，每一笔都是在乎）。

……

这些文案虽然只有一句话，但是却字字戳心，让用户在内心产生激荡和共鸣。无论是爱情、友情或者亲情，总有那么一种感觉会触动你，总有一种经历是你所经历的。在内心最柔软的地方藏着一个软弱的灵魂，而支付宝恰恰找到了那个地方。

支付宝还把这种共鸣故事落实在了人流量大的地铁站。2017年，在北京、上海、杭州等地的地铁站中，我们经常看到支付宝和其他服务品牌联合推出的服务文案。例如，支付宝和全球12大机场合作，在日本东京成田机场、新西兰奥克兰机场、美国旧金山机场等设立支付宝支付服务，让客户不需要兑换外币就可以快捷消费。为了推出这个服务，在地铁站中我们看到的营销文案是：

字幕：沈晨霞，34岁，职员。此处响起的旁白是："每次出国，都会给爸妈买点好吃的，就像小时候他们对我一样。用支付宝不用排队换汇，不仅方便，还能多点时间慢慢挑。"

这些打动我们内心深处的文案和故事，让每个有着共同经历的人看到不禁热泪盈眶。这就是共鸣。

▶ 提炼主题，完善画面

确定好一个可以产生共鸣的故事类型和内容之后，为了让故事的效果实现最大化的共鸣，销售人员还应该学会提炼和优化。

例如，很多打车软件的故事营销只抓住其中一个点，如顺风车，发现一位同事也住在同一个小区，等等。这个共鸣点就是从客户上班途中可以有个伴儿为出发点，给客户带去了乘车的温馨感。

还可以从司机的角度来提炼故事的共鸣。例如，从省油的痛点出发，滴滴打车的一个营销广告是这样的：油费越来越贵，加入顺风车，交了朋友还赚了点油钱，挺好！

当然了，并不是要求每个营销故事都必须如此简短，但是必须要提炼出一个主题，再根据不同的宣传平台去优化故事，完善画面，给客户呈现出一个真实的情景。

好的故事，自带画面属性，从上述支付宝的营销文案来看，每一个营销都紧密关联生活中贴切的画面，这样才更能增加故事的真实性和共鸣性，进而提升故事的吸引力和影响力。

▶ 善打"情感牌"

想要讲一个充满共鸣的故事，就必须要领悟到故事的真谛——要从对方的情感需求出发。激发和唤起对方内在的情感需求，诱导他们产生心灵上的共鸣，让他不自觉地对我们的故事点头称赞并认可，同时这也等于给了对方一个说服自己的理由。当你达到了这样的目的之后，说明你的故事已经攻占了对方的大脑。

这种方式常常被很多企业家运用在会议、演讲中，效果的确非常明显。细看那些知名的企业家，无论国内外，他们的成功都不是偶然，不得不说，在某方面他们都是因为掌握了讲故事的共鸣技能，并善于运用情感牌来占据人们的心理，影响人们的情绪，让对方通过故事为你拍手叫好。

第 6 章 吸引：客户犹豫时给他一个漂亮的回响

6.5

交心：称兄道弟，打开深交大门

吸引客户的一个重要因素就是，你可以给对方带来亲切感。很多销售人员就算故事讲得再好，客户也永远当他是一名推销员，这说明销售人员没有使客户把他当成自己人。事实上，销售人员在讲故事营销时，还应该特别注重"交心"环节。打开与客户的深交大门，才能让客户走进你的故事，你的故事也才能走进客户的心。

销售人员要如何做才能让客户把他当成自己人。首先，要先把客户当成自己人。当然了，想要成为"真正"的自己人是不可能的，这需要销售人员在讲故事时，学会"演"。

来看看下面这个案例：

一位高级白领女士在网上提前一周预约了一家美容护理店。这位女士是这家店的老客户了，但是因为预约等候时间较长，客户非常生气。店员告诉客户因为年前客户较多，护理密集，所以无法全面兼顾。

这位女士按照约定来店里做护理时，还遇到了一个意外。当时店内客户特别多，所以这位女士预约的专家还在为别的客户服务。这对这位女士来说造成了很大的伤害，店员让她等候。可是她等了一个多小时依然没有轮到她做护理，于是她愤怒了。

她对前台和店员说:"你们是怎么搞的?一周前的预约还能变卦?"

店员连忙道歉,但是事实摆在眼前,这位客户确实是没有按照店员之前的预约享受到服务。

"叫你们经理过来,我不做了!而且现在马上清算我所有的卡项产品!我要退卡、退钱!"女士对店员大声说。

经理闻讯赶过来,看到的是满脸通红、愤怒不堪的客户。而这位女士看到经理过来了,更是气不打一处来,说:"你什么都不要说了,给我退卡吧!"经理缓和了一下情绪,然后轻声笑道:"姐姐,您别生气,真的别生气,我们去我办公室说,我一定会给您一个满意的答复。"说完就拉着这位女士进了办公室。

关了办公室的门,这位女士劈头盖脸就对经理一阵怒吼:"我在你们这里做了三年多护理了,我那么关照你的业务,看着你从顾问做到经理,我也一直很支持你,每次我来你们这里,不是给我推荐这个就是推荐那个,我都一一配合,这一年我花在你们店里不下十万元,可是我今天按照预约时间过来做护理,却让我白白等了一个多小时。你们给过我尊重吗?什么也别说了,我要退卡!"

当时,经理的脸上从微笑到僵硬,从僵硬甚至到了怒气,再到怒气被慢慢舒缓,脸上重新展现出笑容。因为经理想到既然都纠缠这么久了,就更不能放弃,一旦真的给客户退卡,就会影响自己的业务成绩,所以一定要想办法让客户稳定一下情绪。

她就这样听着这位女士的抱怨,眼泪甚至都流下来了。当这位女士听到她的抽泣声,声音也降了下来,这位女士首先意识到自己失态了。

经理看到这位女士情绪稍微稳定,于是说:"姐姐您是2014

第 6 章 吸引：客户犹豫时给他一个漂亮的回响

年 6 月到我们这里开始做护理的，我还记得当时您的体质亚健康得厉害。有十几次都是我亲自给您做的背部刮痧，我当时看着很心疼，在想您得有多疲惫啊。我一直告诉店里的其他顾问，好好为您服务，我相信咱们的感情已经很深了。其实我也一直感谢姐姐您，今天这事，我也真是没有办法，但是作为经理，我必须承担您的责罚。"

这位女士这时候叹了口气说："我知道你也不容易，但是……"

经理继续说："今天这件事真是意外，您都来我们店里三年多了，我们彼此也很熟悉，您要是再换一家店，也要从头开始。我也不是说别的店不好，而是毕竟我们相处这么久了，以前您很满意，今天这件事，我真的有千万个抱歉，您就原谅我们这一次吧……"

最后这位女士是微笑着离开这家美容护理店的，临走前又刷了后期续费的卡项，继续光顾这家店。就这样，一位差点儿流失的优质客户，又被经理拉了回来。事实上，拉她回来的是经理的心。

这个案例告诉我们，想要和客户交心，用故事打动他，必须做到以下两点。

❯❯ 用身体语言来"演"出真心

上述案例中，经理充分利用了肢体动作、称呼、情感来博得客户的情感共鸣。让她觉得你对她打开了深交的大门，这样她也会自然而然地放下姿态，向你敞开心扉。例如，上述经理的眼泪就是一种情感释放，而且在这个过程中，销售人员还可以拿出利弊关系，给客户一个无形的权衡。

"今天这件事真是意外，您都来我们店里三年多了，我们彼此也很熟悉，您要是再换一家店，也要从头开始。我也不是说别的店不好，而是毕竟我们相处这么久了，以前您很满意……"这段话在打动客户真心的同时，也给客户带去了无形的权衡，在仔细权衡之下，客户一定会作出正确的选择。

❯❯ 搬出过去的回忆与客户交心

在某种特定的条件下，销售人员可以拿出过去的回忆来与客户交心，让客户感觉到你是记挂着他的。例如，上述"我还记得当时您的体质亚健康得厉害。有十几次都是我亲自给您做的背部刮痧，我当时看着很心疼，在想您得有多疲惫啊……"这段话给客户带去了回忆的同时，更体现出了经理对客户的牵挂和关心。客户自然而然就会对她敞开心扉。

搬出回忆时，销售人员要记住学会筛选，筛选出那些对客户来说非常有印象且能深入他内心的回忆。同时，这个回忆还应该与当前的交易或者服务有关联，这样才可以让客户动容，感受到真心的交流。

6.6
送炭：在客户心里添一把暖火

故事营销最大的一个特点就是给客户带去温暖，这也是吸引客户的一个重要支点。通常情况下，当客户遇到问题或者困难时，销售人员可以像朋友一样为他排忧解难，然后多多鼓励他，做那个雪中送炭的人。

俗话说，"锦上添花易，雪中送炭难"。对客户进行夸赞和赏识很简单，但是也很容易被客户看穿。真正高情商的销售人员在销售情景中往往懂得在锦上添花时退后一步，在雪中送炭时往前一步。故事的表达也是如此，当客户遇到问题或者困难时，销售人员不能想着放弃这个客户，而是要想着如何通过一个巧妙恰当的故事来挽回这个客户。

❥ 建立客户的信心

如果一个客户对你的产品缺乏信心，那么他潜意识里是不会购买的。所以，销售人员就要改变对方的潜在意识。想要给客户内心带去踏实感，就要想办法建立客户的信心。只有这样才能让客户被你的产品或者故事吸引。

下面列举的是《销售圣经》的作者、著名经济学家杰弗里·

吉特默提出的不同场景中建立客户信心的重要时机和方法。

1. 在交际活动中

假如作为销售人员的你只有一次说话的机会，你会利用这个机会来说什么呢？吉特默认为你应该利用它来谈一下某家大公司是如何使用你的产品或者服务的。最好是用一句话故事的形式来表达。例如，一位推销打印机墨盒的销售人员这样对客户说："我们非常幸运地在去年赢得了杜克电力公司的墨盒合同，当时他们从 10 家竞标公司中选择了我们。"这句话让那些本来对你不信任的客户对你的说辞或者产品产生了兴趣，因为你已经成功地吸引了他们。

2. 电话销售中

假如你是一个计算机培训中心的销售人员，一位重要的客户在第一次就拒绝了你。你只剩下一次通电话的机会。这个时候你首先要思考你的目的是什么？目的一定不是卖出这个产品，而是约见。

你可以先拿出一张纸，在纸上写下这个客户拒绝的原因（如对产品不信任），分析客户的弱点（如效率低下），找到可以插针的缝隙。然后拨通电话，你可以这样说："我有十足的信心让您相信我们可以为贵公司提供最优质的计算机培训服务，以便帮您实现提高效率、减低运营成本的目标。我知道贵公司在最新的同类排行中落后了两个名次，我有信心通过计算机培训服务，让贵公司再像两年前那样登上顶峰。我给您发一封电子邮件，您可以看一下我们服务过的大公司对我们的评价，我希望能够到您的办公室和您简单地谈一下相关的培训科目。"

3. 电话跟进中

无论你是在跟进一个什么订单，你在电话中都不能矫揉造

第6章 吸引：客户犹豫时给他一个漂亮的回响

作，更不能急于求成。如果让客户感到压力重重，他们就会对你失去信任。打电话时你要抱有特定的目的，可以列举出相似的实力以及能够带给客户的种种好处，最好是给他的内心带去温暖的回应，同时要阐明出对方为什么要在现在购买你的产品。

（1）正考虑到您（贵公司）的事情。

（2）昨天有人夸奖您（这是一个故事的套路模式，如"昨天我碰到×××公司的副总，他跟我说您最近因为忙一个项目常常加班到很晚，他很欣赏您。我想您一定很疲惫，千万要注意身体……"）。

（3）一些重要的事情您需要考虑一下（客户购买的原因，可以用故事、对比的形式体现）。

通过这些方法来建立起客户的信心，当然了，上述几种时机和方法并非绝对。销售人员还可以根据自己的特殊情况来通过讲故事的方式给对方带去安慰和温暖，这样他不但会对你产生信心，而且还会被你所吸引。

▶▶ 手脑并用，把故事编排为"三幕"

很多销售人员说的故事之所以无法吸引客户，就是因为没有学会"编剧"。销售人员说故事不只是用"嘴"，还应该考虑用手来辅助。

联想公司的一位高管回忆他在底层做销售时，看到师父总是在和客户正式沟通之前拿出一张纸，然后做一个"三幕"练习。

1. 交代背景

首先在纸上列出大致的背景。你必须要让客户知道你故事里的主要人物是谁，故事的背景又是什么，你要说明什么。例如，如果你要讲华尔街的故事,那么就要说明当时的国际经济背景和美国的经济政策;如果你要讲硅谷的创业故事,就要讲硅谷的形势,科技的发展背景,等等。

2. 主要人物

接下来列的是故事的主要人物,是你或者你的朋友,又或者是你的公司,你的员工……

3. 采取行动

故事的结尾要有目的性,你需要启发客户采取什么行动。因为你要让客户对你的故事得出一个结论,而不是简简单单地告诉他们应该怎么做。

例如,有这样一名销售人员,与一家打车软件公司的创始人谈判,想要一起合作推出一款最新的产品。这家公司的创始人一开始并不愿意合作,甚至屡次提出问题刁难销售人员,如"你看好我们公司的哪一点?""是什么让你决定和我们合作?"于是销售人员在谈判时,在纸上快速做了一个"三幕"的方案。然后放下笔,对创始人说:"一年前的冬天,我从咖啡店出来接到一个电话,必须要快速赶到公司参加会议。然而我在打出租车的时候,总是打不到,不是客满,就是无法停车。我非常焦急,一边看表一边挥舞着手,想要拦住一辆车。但还是无果。就在这时我看到手中咖啡杯上的广告,是一家公司的打车二维码。只要扫码下载即可打到车。我当时就像抓住了救命稻草,掏出手机,两分钟之内我下载好这个软件并且叫了一辆车。两分钟之后,一辆丰田轿车停在了我面前……"

销售人员看到创始人脸上平和的表情之后,接着说:"我当时就在想,这家公司真的很有前景,不知道'拯救'了多少像我一样的人,如果有机会和这样的公司合作,我一定很高兴。"

第 6 章 吸引：客户犹豫时给他一个漂亮的回响

  创始人听完之后说："没想到我创业的初衷真的影响了那么多人，甚至影响到了我的客户，我很欣慰。好吧，你说一下具体的合作细节吧……"

  很显然，创始人已经被销售人员的故事打动，并且内心感觉到了浓浓的温暖。

  在这个谈判中，业务员就是运用了"一个时间 + 一件小事 + 适当的修辞 + 承诺行动"，使故事的效果达到了十分完美的程度，这远远要比回答"我觉得贵公司的理念很符合我们公司的主张……"更有影响力。

第 7 章

说服：
给出一切问题的可行答案

▼

当客户对产品或服务产生疑问时，怎么办？普通销售人员会急于给客户解释产品或服务多么好。算了吧！这样的方式，客户早已司空见惯。高明的销售人员会不动声色巧妙地用故事说服客户，在故事里给出一切问题的可行答案，让客户无法不相信他，进而被说服并产生购买动机。

7.1
对客户购买动机进行判断

很多销售人员意识到讲故事是一种非常有效的营销工具,但是在实际的操作中却有很多难题。最重要的一个问题就是搞清楚客户的购买动机。

在你开始讲故事之前,一定要想办法让客户先说出他的故事。客户的故事会流露出他的价值观、他的购买偏好以及他的人生经历与兴趣,甚至是他在这场购买过程中的真正决定权。

此外,客户分享自己的故事越多,对这场销售的参与度也就会越高;客户的故事中流露出的信息越隐私,他对你的信任就越高,关系也就越安全。而科学家告诉我们,人们倾向于在安全的范围里打开自己。通过这样的分享,客户和销售人员之间建立起来的销售关系就会很牢固,这样才会更有利于向成交的方向前进。

经过这样的良性互动,客户会把销售关系进行升级。这意味着他们将向销售人员开放更大的空间,接纳你更多的建议。

一旦销售人员和客户有了这种良性互动关系,那么销售人员往往能创造出持续增长的优秀业绩。试想:如果你要卖给客户的是某项高额保险,那么,你应该如何说服他呢?

在开始你的销售故事之前,你是否真正了解坐在你面前的这个人？你知道这个人的真实需要吗？你知道这个人为了他所需要的这些而愿意付出什么样的代价吗？这个人的生活状况究竟如何？你该如何快速取得他的信任，与他建立关系？

》主动引导，套出需求

销售人员在不知道客户购买动机之前必须要先进行一系列的引导，了解隐藏在客户心里的需求。例如，可以采取下列方式：

一家浪琴表柜前，一位销售人员正在向客户推销手表。此时，销售人员注意到客户手腕上佩戴了一块梅花表。

销售人员："先生，您手上佩戴的这块表很经典。不过看款式，应该是比较早些年的吧？"

客户看到销售人员比较"识货"，点了点头说："是，这是我妈妈送给我的，戴了几十年了，很有感情。想起来，那时候手表是很贵重的礼品。"

销售人员继续说："您和您母亲的关系一定很好。您今天想买一块什么样的表呢？"

客户说："是啊，过几天就是我妈妈六十大寿的日子，所以我也想选一块特别的腕表送给她。"

我们来分析一下这个阶段的对话。先是通过聆听客户讲述自己的故事，销售人员迅速作出了以下几个判断：

（1）客户购买商品是带有情感诉求的，希望给母亲送上一个特别的生日礼物；在这里我们可以看出情感对一个商品功能之外的重要附加值。因此，客户会有选择地倾向那些能够表达情感的产品。

（2）客户对新手表并不关注时尚、流行，而是注重性价比和情感诉求。

由此,销售人员可以分析出这个客户的购买需求和"清单",见图7-1。

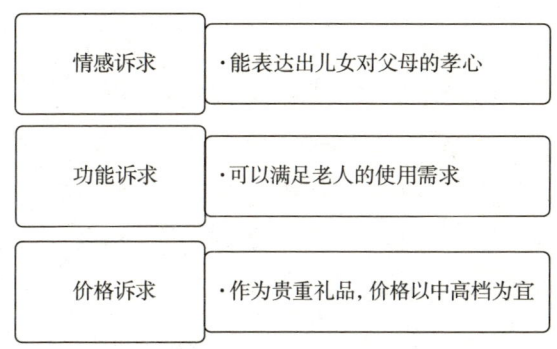

图7-1 客户的购买需求和"清单"

有了这样的购买动机分析结果之后,销售人员很快对客户的故事作出了回应:"首先我代表浪琴为您母亲送上生日祝贺,您对母亲的孝心真是可喜可贺。我们有专门针对老年人开发的系列产品。上次也有位客户想要买一款手表作为贺寿礼物,请您到这边来看一下,这里有我们特别为老人定制推出的质感手表……"

主动引导是获得客户购买动机和分享故事的前提。在销售过程中,客户讲得越多,销售成功的可能性就越高。

善于提出开放性问题、营造安全空间

既然我们了解了要主动引导客户说出自己的购买需求,那么我们还应该知道该如何让客户开口讲更多的信息,见图7-2。

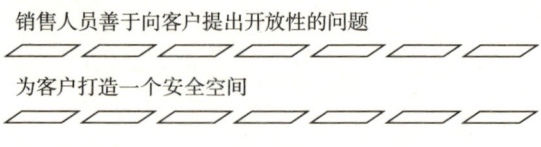

图7-2 让客户开口讲更多信息的方法

1. 销售人员善于向客户提出开放性的问题

想让客户分享他的真实愿望吗？关键在于销售人员问对问题。好的问题就像一杯解渴的水。它需要有一个隐含条件，既有利于销售人员的预设框架，同时又将答案精准地指向商品所具有的客观功能。

好的问题包括但不限于：客户的购买目的、客户意图解决的问题、客户想要处理的麻烦、客户显而易见且觉得自己很在行的东西等。

2. 为客户打造一个安全空间

不仅在生活中需要安全空间，在销售关系中，安全感一样非常重要，尤其是对客户来说，安全空间是一种潜在心理需求。销售人员需要把客户当成一个朋友或者亲人的关系来看待，这样在聊天沟通时，才会给客户带去亲切感，慢慢打消他的防御心理，从而信任你，愿意对你倾诉。

如果销售人员急切地询问客户的需求，客户会有被强迫、被恶性骚扰、被巧妙设计的感觉，这时他们就会进入防御状态。处于心理防御状态下的客户，他们会拒绝回答销售人员的问题，更会拒绝分享自己关于购买的信息。

7.2
用故事对产品 USP 进行感性诉求

7-Eleven 的创始人兼 CEO 铃木敏文说过:"现在的消费已经完全进入了心理学领域,而不是经济学。"

从这句话中我们可以看出客户倾向于心理需求的满足,而故事恰恰可以满足这一点,因此,客户都有喜欢听故事的心理。销售人员需要以故事为媒,为产品做好文化包装,正所谓卖产品就是卖故事。销售人员对商品、市场、目标客户越熟悉,就越有可能创造出有利于销售的故事。

我们必须快速准确地捕捉到客户的心理需求,再用故事对产品 USP(产品的独特销售主张)进行包装,进行感性诉求,才能找到最省力、最高效的销售切入点。

▶ 用故事包装产品的独特销售主张

销售人员需要学会用故事来包装产品的独特销售主张,通常情况下有三种类型。

(1) 以理服人

如果你的产品性能很卓越,功能也非常独特,可以使用这类的故事来以理服人。

（2）以利诱人

假如你的产品在价格上特别有吸引力，可以使用以利诱人的故事来吸引客户。

（3）以情动人

使用故事让人与人之间产生情感上互动，增加彼此的信任，吸引客户购买。

以上这三种方式并没有优劣之分，但是在以理服人和以利诱人方面，销售人员需要受制于企业和市场，而以情动人的方式则更容易被销售人员化为己用。

对产品 USP 进行感性诉求包装还体现在销售的理念上。例如，英国的一个钻石营销就比较有说服力。

通常情况下，我们会将钻石跟坚贞不渝的情感关系连接在一起，这也是钻石广告最成功的神来之笔。在此类营销诞生之前，女性向心仪的男性索要钻石或其他高档首饰时，往往还处于名不正言不顺的境地，而随着营销广告的流传和它所倡导的理念被越来越多的人接受，订婚、结婚、特殊纪念日赠送钻石等首饰就成了约定俗成的规定。

对于商家来说，这绝对是个好消息。英国一家钻石公司推出了"右手戒指"，这个产品的 USP 主张是女性自己给自己的奖赏。

公司对"右手戒指"进行故事概念化，"右手戒指"是指女人买给自己戴在右手上的戒指，区别于男人求婚时戴在左手上的婚戒，用以显示现代新女性的独立与能力。

所以这个产品的 USP 就很好地通过故事表达出来，感动了无数在事业上追求独立而情感上面临困境的女性，从而刺激了她们的购买心理和需求，同时也开拓了新的市场。

第 7 章　说服：给出一切问题的可行答案

把产品 SUP 转换成产品独特的卖点

一个产品必须要有核心竞争力，才能获得市场。产品核心竞争力可以理解为独特的卖点，它的英文翻译是"Specia selling point"。关于核心竞争力，我们可以用一个商品来做例子，一个商品如果想在竞争激烈的市场上占有一席之地，就必须要有它独特的性能和用户体验，这样才能让商品拥有更多的消费群体。比如，苹果手机，它的独特竞争力就是：独特的设计和智能体验。

在讲故事的销售过程中，我们可以把产品的 USP 转换成为一个产品的独特卖点，这样就比较容易构成故事的结构，见图 7-3。

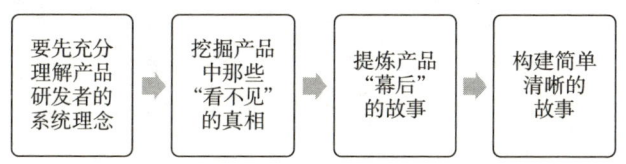

图 7-3　把产品的 USP 转换成独特卖点的步骤

1. 充分理解产品研发者的系统理念

销售人员应该把产品视为一个体系，而不单单是一件提供给客户的以供换取价值的物品。从"研发体系"的角度来看，其实我们呈现给客户的只是产品的"最终形态"。

销售人员要提前用还原产品产生过程的眼光去看产品，此时会很容易发现一个产品的诞生，其实从理念上就已经形成了。比如，苹果产品处处体现出"对于完美的无限渴望"，而这一特征从设计之初就已经注定了，并且在后期的很多环节中产生了深刻的影响。这就是产品的"基因"，销售人员必须要提前了解。

2. 挖掘产品中那些"看不见"的真相

对于任何产品而言,都存在"看得见"和"看不见"两个层面。通常情况下,我们呈现出来的只是产品"看得见"的一部分,而"看不见"的部分往往被忽视了。其实对客户而言,"看不见"的部分因为具有重要的展示价值,反而是十分独特的。特别是在产品趋同的市场环境中,商家也很希望能全面展示产品的独特主张之处。而客户作为消费群体,也越来越希望挖掘到产品独特和新鲜的一面,即所谓的"背后的故事"。

3. 提炼产品"幕后"的故事

销售人员明白了客户想要了解"幕后故事"的需求之后,就要提炼产品的"幕后"故事。客户可以从"理念""研发"和"设计"三个角度加以理解。"理念"主要是企业的文化和精神;"研发"是指产品的创造过程;"设计"是指产品外在的表现形式和艺术形态风格等。

4. 构建简单清晰的故事

上述的"理念""研发"和"设计"所呈现出来的信息往往都是无味而枯燥的,如何使其更加生动形象,易于被客户理解和接受呢?例如,对于"理念",比较常见的包装和塑造方式可以是借助一种"英雄人物"来塑造其中的文化精神,但是这样却容易产生虚无缥缈的感觉。因此可以将其故事落实在具体的人身上,这样就显得真实而可信,且更容易打动客户。例如,"张瑞敏怒砸冰箱"就很好地体现出独特理念的故事。

第 7 章 说服：给出一切问题的可行答案

7.3

客户担心在哪里，就从哪里讲故事

在生活中，很多信息是需要依靠讲故事来传达的，因为讲故事的方式很容易让人接受。有些心理学家给病人治疗的方式之一就是讲故事，如美国权威心理医生艾瑞克森就使用讲故事的治疗法。他在了解了病人的信息之后，与病人沟通的过程大都是讲故事。结果显示，故事的治疗作用是显著的，因为故事很容易让人接受。

例如，你与一个陌生人相处，你突然对对方说："我给你推荐一款洗发水吧。"对方很可能会反感，甚至觉得只不过与你一面之缘，你就推销起东西来，心里会非常抵触。但是如果你说："我跟你分享一个故事吧。"那么这个陌生人就会很乐于接受。

故事本身具有较强的说服作用，很多时候，我们是通过听故事的方式来接受一些道理。抓住这一点，在销售过程中，销售人员可以针对客户担心的问题，用故事的方式传达出来，说服客户接受你的产品或者服务。

▶ 从心理学角度了解客户担心的是什么问题

通常情况下，销售人员在与客户前期交流时，由于客户存在自我保护意识,所以会产生一些强烈的排斥情绪,反映到行为上就是会对销售人员提出自己担心的一系列问题,或者直接对销售人员说"不"。

销售人员的工作就是要解决这种基本难题,深入了解客户为什么担心这个问题,为什么会说"不",只有了解了这些,你才能选择出恰当的故事来做出精准的回应。

下面我们从心理学的角度来分析客户担心的大多是些什么问题,见图7-4。

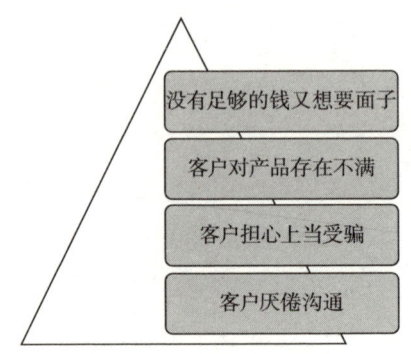

图7-4 从心理学角度分析客户担心的问题

1. 没有足够的钱又想要面子

有时候,客户是需要销售人员所推销的产品的,但是却因为囊中羞涩而做出拒绝的行为。针对这种客户,你可以从产品的高价值和价格的分期付款等方面来巧妙化解。

2. 客户对产品存在不满

有时,客户会觉得产品有问题,或者对产品不放心。当客户对产品流露出类似的不满意时,你很难说服他购买产品。此时,销售人员可以从过往的案例中找到类似的故事来巧妙化解。也可以引导客户购买另外一种型号,等等。

3. 客户担心上当受骗

我们不得不承认，任何一个行业都有可能存在坑蒙拐骗、品质恶劣的人，营销行业也不例外。如果客户被骗过，那么你很难得到客户的信任。客户甚至对任何销售人员都有成见，怀疑所有销售人员的品行。因此，当遇到这样的客户时，不要急着向其推销产品，而是先用心交流，获得其对自己的信任。

4. 客户厌倦沟通

有的客户每天非常繁忙，因此在与销售人员沟通时，往往厌倦沟通，很可能还会冷落销售人员。这时候，销售人员不要急着从产品入手，而应该事先了解客户的情况，然后聊一些客户比较关心的工作问题，打开契机，获得好感之后再进行营销。

❯❯ 用故事映射客户的问题

销售人员通常会遇到这样的问题：当你向客户推销某种产品或者服务时，客户总是担心其中的问题。例如，担心会不会没有效果，担心有没有实战经验，担心这样做能不能实现理想中的画面，等等。客户很显然是被这些担心所困住了，导致他们不敢轻易购买。

这时候，销售人员该怎么办呢？此时就必须要用故事的形式来映射客户担心的问题。结合客户的情况和心理特征来讲述一个相符合的故事。这个故事的背景或者素材选择一定不能直接体现出客户的状态（客户很容易产生抵触感），既然是映射，就要学会从隐喻的方面打造故事。

如下面这个案例：

一个英语培训的销售人员遇到一位难缠的客户。这位客户最

好的销售都是讲故事高手

大的问题就是害怕交了钱还是学不好,瞻前顾后,总是下不了报名的决心。这时候如果销售人员拼命对其说教,恐怕无济于事。于是销售人员和他分享了一个故事:

"一年前我的阳台上什么也没有。我去我朋友家玩,发现他家的阳台上种满了花花草草,非常漂亮,很有诗意,大家都称赞不已。于是我也想种花。但是我没有任何的种花经验,我心里没有底。我想不如我去买一些工具和肥料吧,但是我又害怕,如果我买了工具,万一花种不活,那该怎么办呢?我一直为此犹豫不决。很久之后我豁出去了,我去专业种植花卉的市场上买了几个工具,还买了一些花种子和肥料,然后根据说明就开始种花了。"

"后来我发现,其实种花并没有那么难,而且也不需要很多工具,只需要一个专业的锄头就够了。另外,土壤的维护也很简单,根本就不需要太多的设备。就这样,我把花种上了。"

"接下来我按照说明上介绍的方法每天浇一次水,隔几天除一次草,给它们晒太阳,等等。在这个过程中我也有点担心,不知道能不能开出花。一个月之后的上午,我高兴极了,因为它们开花了,而且开得非常好。"

"那些曾经说我不适合种花以及那些'讽刺挖苦'我的人,也常来我的阳台赏花,他们甚至还问我在哪里买的种子和肥料,也让我帮他们去种花。"

虽然销售人员说的是自己种花的故事,但是仔细思考一下,就会发现这个故事与英语培训是一个道理。一开始客户不知道怎么做,犹豫不决,担心学不好。但其实很多事都没有那么复杂,只要我们采取行动,用心去做,就很快会有结果。

这个故事包含了很多道理,对客户来说有一种潜意识的说服力,这远比销售人员直接说教要强得多。

7.4

在故事里点出客户不可抗拒的好处

很多销售人员认为最好的推销方式就是告诉客户你的产品或服务具有哪些功能，但是客户可能根本就不买账。他们之所以买，是因为你的产品或服务能给他们带来切实的好处，而不会因为你给产品"美颜"了才决定购买。正因如此，销售人员必须要明白，你需要通过讲故事的方式点出客户能得到什么好处，而且这种好处一定是不可抗拒的，客户才会欣然购买。

》故事中的人物要与目标客户有密切关联

在构造故事的过程中，除了一个大的故事背景和梗概之外，还应该注重人物上的塑造。这里主要指的是销售故事中的主人公以及被编排到故事中的人。完整的销售故事中的主角或涉及的人物一定要与目标客户保持密切的关联度。只有这样才能让客户真切地感受到自己就在故事中。

1. 故事中的人物要完成客户的心理投射

例如，大部分的化妆品广告，都会邀请漂亮的女明星，形成一种独具气质的女性形象，引发潜在客户的想象，让客户想象"那就是我"或者是"理想中的我"，从而直观地走入了客户的内心，激起客户的购买欲望。

再如，万宝路香烟中的落魄走天涯的美国西部牛仔形象，代表的就是硬派男子汉形象。给众多男性客户带去了追求与梦想，激发了他们的热血与激情，从而开始购买。

记住，故事中的人物定位越清晰，就越能打动目标客户群的心理需求，从而影响客户的购买决策。

2. 人物的际遇（困难、快乐等）引发客户的情绪共鸣（在情感上取得客户认同）

销售人员在故事中可以营造出一些特定的情境，通过人物的际遇来表达困难、快乐等情境。从情境引发客户的情绪需求，或者让客户注意到自己平时生活中的一些细节问题，从而诱发出新的心理购买需求。

3. 不让故事中的人物有明显预设立场

销售人员在讲故事时，虽然要让潜在客户感受到某种情绪指引，但是千万不要以利益为重点，最好以第三方见证的方式，自然地化解客户的防御机制，这样才不会引发客户的厌烦。

通过设置故事时间线来点出客户需要的信息

客户在购买的过程中，往往很少考虑到自己处在什么样的时间线中，对销售人员的故事而言，故事时间线的摆放十分重要。以故事为工具，通过时间线的设置来点出客户需要的信息，引发客户进行更深一步的思考，从而激发客户对产品产生好感和兴趣。

1. 后置时间线的故事（过去的时间）

很明显，从字面上来看，销售人员的故事在此处所关注的重

第 7 章 说服：给出一切问题的可行答案

点是过去，即已经发生的事情。在这种故事中，销售人员通过描述发生过的故事可以巧妙地描绘出客户现在面临的困难，也许客户自己并没有意识到，你提前为客户指点出来。在这儿，销售人员等于是在客户的痛处先割一刀，然后再撒一把盐，从而让客户感受深切。通过在讲故事中运用类比、通感等方法，销售人员可以将客户的痛苦放大，从而诱发客户的购买需求。

通常情况下，销售人员可以这样开端："我之前也有一位客户跟你的情况很类似，他后来使用了我们的产品之后，顺利……"

2. 当下时间线的故事（现在的时间）

当下时间线的故事关注的是客户在此时此刻购买时的情景。它所描述的是这一刻正在发生的故事，这种故事的作用是集中客户的全部注意力，客户注意力越是集中在当下的销售过程中，他的兴趣就会越高涨。

例如："先生，我刚才注意到你的衣领上有些皮屑，通常选择不恰当的洗发水就会出现这样的问题，我们可以为您免费提供检测，准确测试一下您的头发需要什么样的洗发水……"

3. 前置时间线的故事（将来的时间）

在很多的销售过程中，销售人员往往只关注如何让客户放下防御模式，如何取得客户的信任，如何与客户建立连接等销售中的核心问题。而前置时间线所要做的，是带领客户将注意力放到将来的可能性上，这样做的作用是为销售人员打开新的销售空间，让客户看到更多的选择方案，从而愿意接受销售人员更多的销售建议和商品方案。

前置时间线的销售故事尤其可以用在一些较大的投标过程中，或者创业培训等。销售人员可以通过故事向客户描绘美好前景，让客户感受到强烈的、正面的、积极的力量，将商品打包成解决方案进行销售。

例如，可以这样说："我们的创业培训是来自美国的经济专家为您量身打造的。你想象一下，5年之后……"

通过这种故事事件设置的方式，可以让客户从不同时间段来感受到故事带来的效果和那些不可抗拒的好处，非常有利于说服客户购买产品。

第 7 章　说服：给出一切问题的可行答案

7.5

给客户设定一个预期

说服客户购买产品不是一件简单的事情，不是通过你说几句好话，或者描述一番产品就可以取得的。这需要你在讲故事时，要有意识地给客户设定一个预期。

换句话说，作为销售人员，你需要让客户知道你站在这里是为了什么，让客户明白会有一个什么样的预期。当然了，你编织的故事预期一定要能打动客户，让客户深信不疑，最终说服客户，购买你的产品。

▶▶ 描绘出一个美丽的预期，让客户不可抗拒

想要说服客户，仅仅依靠一个看上去近乎完美的产品摆在他面前是不够的。这种方式是直观的、现实的、物质的，真正让客户心动，说服他购买的还应该是精神上、情感上的一种刺激。这就需要你给客户描绘出一个美丽的预期，让客户产生不可抗拒的情感。在这方面，广汽三菱欧蓝德汽车就做得很好。

广汽三菱汽车在 2016 年 10 月 21 日于微信公众号发布了一篇营销软文。这个软文的题目是"【车主故事】圆满的青春便是实现了自己设定的小目标——欧蓝德提车"，这似乎是一个提车记。

下面来看一下它的具体内容。

在一开始,软文作者就抛出了一段极具共鸣性的文字:

"你的青春是什么样子的?

是色彩缤纷,或是昏天暗地?

是努力或是叛逆?

在青春里许下的愿望,设定的目标,现在,都完成了吗?

今天,就由小编和你分享一个,来自欧蓝德车主的温暖青春手记——

你说,你能想到的日子,都是蓝天白云,驰骋旷野,身边手边,时时相伴。

我说,我能想到的日子,都是海边山涧,酣畅流转,相依相随,日日缠绵。

你说,青春就是梦想的开始,我们的努力都会是未来的圆满。

我说,梦想的开始可以青春,我们的努力也能够圆满了今天。

欧蓝德的到来就是青春的圆满,实现自己的小目标GET……"

在这段开场白中,作者已经给我们描绘出了一个美丽的小预期——"青春的样子""梦想的开始",这些都能给潜在客户带去憧憬和向往,在情感上达成共鸣,见图7-5、图7-6。

接下来就以第一人称的身份讲述一对小两口提车的经历。在这个故事中,特别突出了故事中小两口对提车的美好憧憬的描写,如"等提车的过程是漫长的,我们每日都在憧憬规划,买了车之后带着爸妈先去哪里玩一圈,以后还可以再去哪里……终于,9月底我们把欧蓝德接回了家……"

在这里,销售人员描绘预期的方法并非客观地描述一个怎么

第7章 说服：给出一切问题的可行答案

图7-5 广汽三菱微信公众号的营销软文故事1

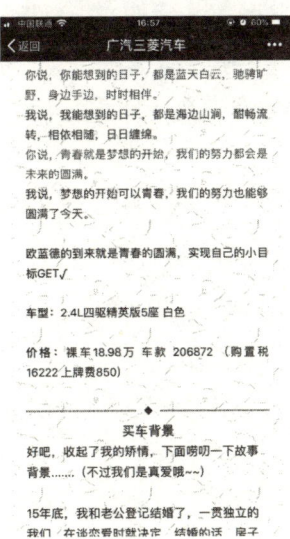

图7-6 广汽三菱微信公众号的营销软文故事2

样的未来，而是用一对小两口的故事，形象生动且真实地体现出了提车的兴奋以及对未来的美好憧憬，给读者带去了同样的情感向往和共鸣，从而在很大程度上会说服读者。

❯❯ 预期要从客户的真实生活出发

很多销售人员在给客户讲故事时，为了突出产品带来的预期，往往有些过分夸张，以为客户会为此而震撼，其实客户很可能会反感，甚至觉得销售人员在欺骗自己。所以，销售人员在给客户设定预期时，需要从真实的生活出发。也就是说，通过故事呈现预期时，需要以客户的真实生活为基点，不能跳出这个范围。

销售人员可以通过一些影像或者数据资料来结合故事描述出预期。事实证明，很多资料是能够打动人心的。例如："我原本也觉得价格太高，甚至多次向我的老板反馈。后来老板给了我一份报告，我发现保养费用原来非常低，总体成本实际上比上年度还下降了30%，这样的产品难道不是每个像您这样的人都希望有的吗？"

再如："您可以看一下，这些是我们10年前客户使用产品的影像，而这些则是一年前使用产品的影像，同样的产品，使用了10年仍然完好，我想谁都无法拒绝吧……"

事实上，在销售的世界中，如果你能预见客户拒绝你，那么就能预防这种拒绝，甚至让他接受，也就是说服他。这听起来很不可思议，实际上你只需要给客户带去一个理想真实的预期，然后在故事中加以应用，并且加以练习。当然了，这需要销售人员有充足的时间，也需要有创造力，只要你坚持努力，积极运用在实践之中，你就会说服客户。

第 8 章

暗示：
在故事中投射出客户应该作出的决定

　　销售人员经常会遇到迟迟不肯作出决定的客户。没错，这很常见！想让客户拿出一大笔钱购买你的产品，还得让他没有思想斗争，这是不现实的。销售人员必须懂得给以暗示，让客户快速作出下单的决定。临门一脚的暗示应该如何展现？答案还是故事，用故事影响客户的行为，步步紧逼，让他作出最终决定。

8.1

从影响消费行为发生的因素出发

如果销售人员通过故事影响客户做出消费行为是其目的,那么在这个过程中尤为重要的一环就是暗示。我们需要在故事中投射出他应该作出的决定,想要做到这一点,首先就要从影响消费行为发生的因素出发。

我们先来总结一下影响消费行为发生的变量因素都有哪些,见图8-1。

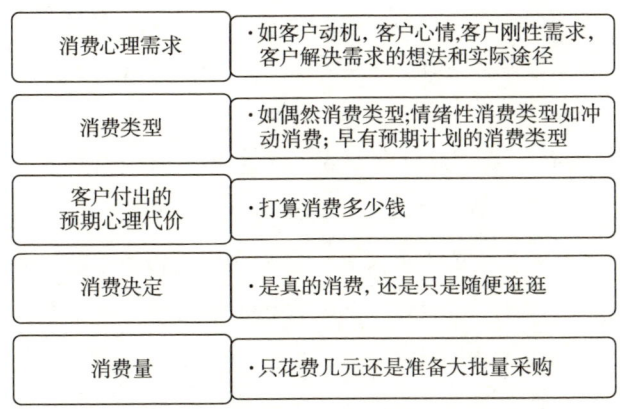

图8-1 影响消费行为发生的变量因素

以上几点都是最终决定终端商业行为成交与否的重要变量因素。了解了这几个方面之后,我们是否能通过一种方式,对客户因时因地产生的消费心理和逻辑思考起到逆向的引导和调控作用呢？

作为销售人员，我们需要慢慢发现其中的奥秘。如果客户消费行为的发生并非偶然，那么销售人员是否可以对客户处于当时当地的消费环境所产生的特定心理状况进行分析，并通过讲故事的方式对客户产生正面而积极的促进其消费的心理暗示？答案是肯定的。

下面我们来看一个案例：

一位中年男性想要买一辆电动车，但是却不知道选哪家品牌。他走到爱玛电动车车行，找到导购员问："我总是在电视上看到你们电动车的广告，什么新日、爱玛、雅迪电动车，这么多品牌听上去都不错，你们爱玛牌到底有多好？"

这位导购没有一上来就给客户介绍爱玛电动车的优点和长处，而是笑着对客户说："大哥，听您这么说就知道您对电动车很关注，看上去也挺专业的。我们电动车到底好在哪里，我就不跟您一一说什么驰名商标、免检产品了，我跟您说一说后街的张大姐吧。"

"张大姐以前从没骑过电动车，于是就来到我们的店，问我爱玛这个牌子的电动车怎么样。我对她说：'大姐，我们的电动车好不好不是我们自己吹出来的，得需要您自己去检验，骑的人多自然就是好牌子。这样吧，您就在我们店门前看一会儿，看看路边上的电动车有多少辆是爱玛的。'我给张大姐搬了把椅子，她坐在路边数从店门口过去的电动车数量。结果不一会儿她对我说爱玛电动车最多，这一眨眼工夫就过去不下 10 辆是爱玛牌。于是张大姐二话没说，当时就买了一辆。"

这位爱玛电动车的导购通过一个小故事，委婉地表达出了爱

第8章 暗示：在故事中投射出客户应该作出的决定

玛电动车在当地是销量冠军的事实。销量大这个事实也间接说明了爱玛产品是好的，即呈现出爱玛与其他品牌的不同。导购员通过讲故事的方式，暗示了客户，并且影响了客户的消费行为。

在向客户推销的时候，销售人员如果说自己的产品如何厉害，荣获了多少个奖项，甚至被授予了什么荣誉称号，连续多少年销量第一，每天卖多少台等，这些都是虚的，根本进不了客户的心里。无论客户是否了解你的产品，他当下的第一反应就是：你在说谎！

就算你说的是真实的，但对客户来说缺乏直观的证据，这些都严重影响到客户的消费行为。用讲故事的方法，带给客户心理上的暗示，暗示他这个产品值得信赖，是非常适合购买的，这就是故事营销的力量。

销售人员找到影响客户消费行为的因素，无论是时间因素还是客户自身因素，才能对症下药，讲一个深入客户心里的故事，实现暗示购物的目的，从而影响他购买。

8.2 强调，是故事中的必需佐料

销售人员讲故事是为了让客户购买，而不是一个"我讲你听"的过程。因此我们必须要把一个故事的作用发挥到最大化，这需要很多细节，其中最重要的就是强调。利用强调来暗示对方，让对方被你的故事影响。

▶ 和客户一起"复述"故事

销售人员为了影响客户，在给客户讲故事时，可以选择和客户一起"复述"故事，即你先大体上给客户讲述一个故事，然后再和客户进行回忆，让客户参与到故事中。在这个过程中你需要仔细观察客户感兴趣的部分，针对客户感兴趣的部分进行补充和强调，这样会给客户带去更大的收获。

当然了，销售人员也可以引导客户进入你的"复述"过程。例如，一家海尔冰箱专卖店的销售人员正在对客户说："先生，您一定听过海尔张瑞敏怒砸76台冰箱的事情吧？"

在这里面临着两种情况：第一种情况，客户不知道这个故事，那么接下来销售人员就要给客户先说一下这个故事的梗概，然后继续介绍客户所喜欢的冰箱，最后再和客户"复述"这个故

第8章 暗示：在故事中投射出客户应该作出的决定

事，以此来强调突出海尔冰箱的质量。

第二种情况，客户知道这个故事，那么销售人员就可以省去"梗概"的环节，而直接进入下一个"复述"环节，突出海尔冰箱的优质。

这样的强调方式，不但不会让客户反感，而且还会给客户带去更强烈的印象，让客户对海尔冰箱，包括对"张瑞敏怒砸冰箱"的故事印象深刻。而且在这种强调作用下，客户很容易作出购买决定。

复述不是背诵，这一点需要销售人员注意，"复述"故事是用客户的方式和语言来讲述故事里的人物和情节，这对客户的记忆有很大的帮助，客户记住了你的故事，自然就能记住你的产品。

❯❯ 和客户一起"演"故事

家长给孩子讲故事时，为了能够让孩子记忆深刻，往往会与孩子一起参与到故事中，扮演故事中的角色。

销售人员也应该学会这一点。当然了，这并不是要求销售人员必须会表演，而是需要找到一个契机可以和客户一起参与到故事中，让客户融入故事，能在他的内心形成一种消费暗示。

一家房地产的销售人员带领一位女士看房，为了能够让客户购房，销售人员带客户去了一个特别有意思的样板间。

刚进去，客户就捂着嘴巴惊讶地说："这不就是《×××》中女主角×××的房间吗？"

销售人员："是的，看来您也很喜欢这部剧。《×××》中女主角家居的戏份就是在我们这个样板间里完成的。"

客户："真不敢相信，我太喜欢了。"

销售人员看到客户兴奋的样子继续说："您还记得第 3 集里面，女主角出场时，就是坐在这个沙发上，端着一杯咖啡，当时快递来送鲜花，女主角起身去接花，一键智能随手就把吊灯点亮，那个镜头太棒了。您看，当时女主角坐的就是这个沙发，随手点亮的就是这盏灯……"

销售人员轻松地带领客户走入客户喜欢的电视剧的场景中，成功地获得了客户的喜爱。

这位销售人员的销售方式就是利用和客户一起"演"故事，呈现影视剧中的场景，让客户无法拒绝和无法自拔。同时，这也是一种强调和加深的作用，进一步暗示了客户购买这个房子就等于购买了影视剧中女主角的生活。

❯❯ 反复强调故事中的重点

反复强调的暗示作用显而易见，但销售人员如果时时在客户耳边重复一个故事，恐怕会让客户反感。其实，只需要反复强调故事中的重点即可。

当然，这个重点主要是指对销售有利的信息，如故事中对产品的描述和表达；故事中人物使用产品之后的好处或者获得的利益等。这些都可以在与客户交流沟通时，反复拿来强调，让客户一提起某类产品就想起你的这个故事。

这在科学上称为刺激"自动系统"行为。因为人类在作某些决定时，往往是依靠两个相互联系又相互独立的信息处理系统的协作工作。而其中有一个非常重要的系统，那就是自动系统，也被称为"第一系统"，自动系统可以下意识地轻松迅速地运行。

第 8 章 暗示：在故事中投射出客户应该作出的决定

这一系统重点分析的是感官信息，使人类迅速产生相应的感知，并采取相关行动。在这个自动系统运作时，往往人类还没来得及厘清头绪，就已经作出了决定。

因此，销售人员需要在给客户讲故事时，有意识地强调故事中的重点来刺激客户的"自动系统"，暗示他做出相关行为。

> 好的销售都是讲故事高手

8.3 加入强烈对比,刺激客户的肾上腺素

真正的销售高手不但能够讲一手好故事,更会通过故事来让客户对一个原本无感的产品产生好感,甚至还会通过讲故事的方式影响客户的行为。因为可以通过故事向客户进行心理暗示,使客户受到感染或冲击,接受和相信一个产品或者品牌的理念,并产生购买行为。

在故事中加入一种强烈的对比,让故事里的人物替销售人员说出产品的优势,深刻影响客户的大脑,进而引导他作出决定。很多销售人员都很想知道,到底如何才能顺利实现这一目的。在故事的影响力中,暗示显然是一个非常重要的环节。

▶▶ 故事里要有与真实生活的对比,才能真正刺激客户内心

为什么很多销售人员明知讲故事可以暗示客户购买产品,但在施行中却往往事与愿违。这主要是因为销售人员不会讲故事,在这类销售人员的故事里都有一个共性,那就是缺乏真实性。这些故事通常都是他们自己杜撰出来的一些夸张的故事,难以让人信服,从而无法达到暗示的效果。

第8章 暗示：在故事中投射出客户应该作出的决定

高明的销售人员会在故事中呈现出一个真实的生活对比。这个真实主要体现在以下三点，见图8-2。

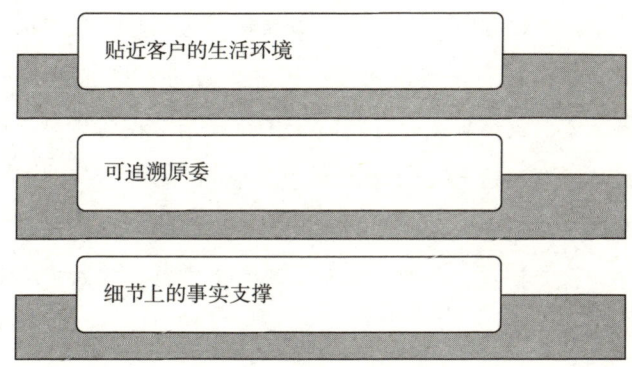

图8-2 故事真实的体现

在这方面，风靡亚洲乃至全球的SK-II化妆品的销售人员可以很好地给出印证。

在美妆界，专业人士都知道SK-II的发展实属不易，却也十分传奇。1991年宝洁公司从露华浓公司手中收购蜜丝佛陀时，SK-II仍是蜜丝佛陀旗下一个不算特别出色的品牌。但宝洁公司收购SK-II品牌后，在营销上下了大力气，将其产品的核心成分Pitera进行重新梳理和推广，在日本一鸣惊人。

SK-II的营销到底有何魔力？下面是SK-II在日本销售的范例。

如果你前往东京银座的SK-II专柜，那里的销售人员在与你简单相处之后，会这样对你说：

"您知道SK-II中的Pitera成分是怎么来的吗？是跟当年做清酒的年长女工有一定的关系。当年研究者偶然间发现做清酒的年长女工双手如凝脂般光洁，这与她们脸上的皱纹形成了巨大的反差。

"于是研究者便认为这其中的秘密一定与清酒有关,所以就仔细地去分析清酒的发酵过程。后来得出在清酒的生产过程中,酵母菌在生长过程中产生了某些活性物,它们对皮肤有很强的延缓衰老、增加光泽和美白效果的结论。经过一连串严谨的研究后,科学家们最终从当时存在的350种酵母中找到其中一种酵母加以提炼,这就是SK-Ⅱ中的核心成分Pitera……"

在这个案例中,SK-Ⅱ并没有一上来就跟客户讲这款产品的优势是什么,特点又如何,而是用了一个带有强烈对比效果的故事道出了SK-Ⅱ核心成分Pitera的来源。其对比就是做清酒的女工的手和脸,让客户切切实实地体会到了Pitera的威力,从而对SK-Ⅱ产生了兴趣。

同时,销售人员讲这个故事还有一个作用,那就是暗示。通过故事暗示客户,如果也想拥有凝脂般的皮肤,就要使用SK-Ⅱ。

在这种合乎逻辑和事实的套路中,客户很容易就会购买这款化妆品,并且从内在对SK-Ⅱ产生一种无限的信任。

给客户两种选择

来看这样一个故事:

在一个水果摊前,客户看到两堆橘子,于是问老板:"这堆橘子多少钱?"老板说:"2元一斤。"客户又指着另一堆橘子问:"这堆橘子多少钱?"老板回答:"2.5元一斤。"客户继续问:"有什么区别吗?"老板说:"2.5元一斤的橘子好一些。"客户最后很痛快地选择了后者。

在这个简单的小故事里,我们可以看出,水果摊老板抛出了两个选择给客户,同时用对比的方式暗示客户购买好的橘子,方

第8章 暗示：在故事中投射出客户应该作出的决定

法简单有效。

再如一家热饮店：

销售人员一开始是这样销售的："先生，您喝咖啡吗？""女士，来杯牛奶吗？"

几个月下来，这家热饮店几乎就要关门大吉。后来，老板作了一个决定，他让销售人员这样对客户说："先生，您喝咖啡还是喝牛奶？"面对两个对比选择，大多数人往往会作出其中一个选择，很快这家店的销售额就上涨了。

在讲故事营销中，销售人员也可以这样，给对方抛出两个选择，让其选出一个。当然，这需要你在故事里加入一些别样的笔墨。

（1）两个选择中必定要突出一方。

（2）将对比的效果放大。

如一个卖鸡蛋的老板，了解到一位客户想要购买鸡蛋去看望一名产妇。于是这样说："阿姨，这两种鸡蛋都营养丰富，是补身体的最佳选择。但是对产妇来说，这个品种的柴鸡蛋是最好的（指着其中一个品牌的鸡蛋），昨天我的一个供货商告诉我×××（明星）坐完月子，打电话从他们那里订了很多这个品种的鸡蛋。这个品种的鸡蛋是正宗的农家柴鸡下的……"

这个卖鸡蛋老板十分聪明，在故事里巧妙加入了对比，突出了其中一个鸡蛋品种的优势，并且用某明星的故事放大了这个品牌鸡蛋的优势，在情感上实现了更加明显的暗示。

8.4 给客户最真实的触感

无论何时,你的脑海中一定会有一些事物的影子,你此时此刻想的事情就是最重要的。例如,你此时很可能在思考中午吃过的蛋炒饭,也或许正在回味刚刚听到的一首歌。有些事情也许一直萦绕在你的脑海中。举个例子,喜欢运动和美食的人,往往一想到某种运动或者美食,他们就会联想到彼此。不仅如此,周围的环境和触感也会刺激你或者决定你现在脑海中即刻的想法。如果你在路边看到一只流浪猫,你可能会在脑海中思考自己应该养一只猫;如果你在一家面包店门前闻到了扑鼻的面包芳香,你可能会思考晚上回家吃什么;如果你听到了一首绿箭口香糖的广告,你可能会想起口袋里的口香糖没有了……总之,视觉、味觉等一切触感的东西都会占据你头脑的第一位置。

这个道理用在销售中也是如此,看到电视上出现一杯热热的牛奶,你也会想到要一杯牛奶,而且还会想到奥利奥饼干,最好来一个下午茶套餐。

所以对销售人员而言,你必须要给客户带去一个真实的触感,让他很容易联想到你,从而直接暗示他去消费。

美国行为学家阿德里安·戴维曾在一家超市做了一个试验。每周一、周三、周五超市会按照戴维的计划,装饰成法国的浪漫

第 8 章 暗示：在故事中投射出客户应该作出的决定

典雅风格；每周二、周四、周六超市会按照戴维的计划，装饰成巴西的活泼自由风格。

最后，在戴维的领导下，超市对两种风格下客户购买的不同酒类的数量进行了计算。当装饰成法国风格时，大多数客户购买的是法国香槟；当装饰成巴西风格时，大部分客户购买的是巴西的果酒。显而易见，超市装修的触感影响了客户的消费行为。不同的装修风格让客户想到了不同的国家，从而给客户带去了暗示，影响了客户的消费行为。

讲故事营销也是如此，销售人员的故事若讲得好，给客户带去真实的触感，那么客户在听完之后也会在脑海中留住这个触感，引发联想，从而暗示客户做出消费行为。

》触感不仅要触到生理上，还要触到心上

很多人觉得故事的触感就一定是血肉兼备，但其实，真正给客户带去影响力的是心理上的触感。因为身体上的触感很快就会忘记，但是心理上的触感却是非常深，甚至如同烙印一般，让对方久久不能忘怀。

例如，某工艺品茶具公司为了能给客户带去心理上的触感，在一个手工制作的防烫结构的茶杯文案中是这样说的："并没有什么真正烫手的问题，不敢面对，才是问题。"这句话深入人心。给客户带去了"你解决生活中的烫手问题，我们帮你解决泡茶烫手的问题"。

这个文案可谓十分走心，产品的制作更是给人一种精雕细琢的质感，选用原木贴片防烫，防烫率提升到了90%。这在很大程度上吸引了客户的关注，同时在客户的脑海中留下了深刻的

印象。

销售人员在讲故事时,千万不要只顾着在形态上对客户进行触感的"袭击",还应该注重内在的触动。只有在他的内心上深深一击,他才能够感受到最真实的暗示。

▶ 说一个真实的经历,让客户在心理上赞同

熟悉互联网企业的人很清楚,互联网的创业家们往往都有一个相似的地方,那就是他们都善于向别人传达自己创业的经历,并且效果非常好。无论是马云、雷军还是罗永浩都善于运用自己的梦想和创业故事来带动人们的激情。因为他们的经历是真实的,能够激发听众心理上的赞同感。

罗永浩在"锤子手机发布会"现场,就说起了自己的创业故事。讲述了自己当初如何从一个英语教育者转变为手机研发者,这期间经历了同行业的看不起,家人最初的反对,朋友的不理解等,但是为了自己的"情怀",他敢于面对理想、坚持己见,最终成功地将锤子手机发布上市,成功吸引了大量"真爱粉""梦想粉"。

乔布斯也是如此。在产品发布会、斯坦福大学演讲等活动中,他也总是提到当年创业的艰辛历程。讲述自己差点儿放弃事业,回归平常生活。其间还掺杂着曲折的爱情、时代背景等元素,让听者可以充分沉浸在当时的情景中。

在这种多元素背景的渲染下,这些故事不但打动了粉丝,更触动了原本可能对这些品牌不以为然的人。显然,这就是故事中的触感作用。

当然了,销售人员在讲述这些真实经历的故事时,最好加上

第 8 章 暗示:在故事中投射出客户应该作出的决定

产品的特点和优势,这样会把你的产品印在客户的脑海中,让客户一想起内心深处的那种触感,就会想起你的产品,就如同"去屑,当然海飞丝"一样深入人心。届时,暗示也就已经成了不言而喻的事情了。

8.5 用故事的手法放大拒绝的后果

有时候,你给客户推销一款产品时,客户并不买账,甚至觉得你的产品不好,或者产生各种反感。在这种情况下,也许你认为这个客户无法挽回了,但如果是高明的销售人员,一样可以挽回。而方法就是讲故事,用讲故事的方式去暗示他作出拒绝的决定是一种错误的做法。

在故事里放大客户拒绝之后的后果,给对方一个明确的暗示,让对方"知难而退",进而采取购买行动。

❱❱ 站在客户角度用同理心去对待

在讲故事中,同理心很重要。同理心主要是指讲故事的人要具备站在对方的角度思考的能力。卡耐基说过:"拥有同理心的人,必定能说服人。"同理心是讲好一个故事的重要前提,如果你不知道你的目标对象在想什么,你又如何对他们讲故事呢?更谈不上让他们认同,尤其是对待客户时。

有一个卖化妆品的销售人员对一位即将离开店铺的客户说:"小姐,您看上去很年轻,是刚大学毕业的学生吧?"

客户:"是,您眼力还真不错。"

第8章 暗示：在故事中投射出客户应该作出的决定

销售人员："我这店里进进出出那么多人，察言观色还是略懂一些，不过您的皮肤看上去有些暗淡，如果化一点儿妆会更好……"

还没等销售人员说完，客户就打断了销售人员，并说："下午我还有个面试，我想我应该走了。"销售人员没有急着拦住客户，而是说："您知道在我们店里发生过一件有趣的事情吗？"这位客户顿时有些好奇，于是询问是什么。

销售人员说："我记得那天是周一。我是第一个到店里的，刚打开门没多久，就有一位年轻的女士进店。她的年龄和您差不多，穿着很知性，一看就是一名白领。进店之后她环顾了四周，然后就走到了'客户试妆区'。平常遇到这种情况很普遍，很多客户会先试一下妆，然后才会决定购买。我根据她的肤色、职业给她化了一个职业淡妆，因为她告诉我周一早上有个会需要她主持。化好之后，她很满意，然后我以为她会挑选商品，没想到她很快就离开了。我也没在意。"

"下一个周一的时候，我刚到店里就看到那位白领匆匆从店里出去了。我问店员小周怎么回事，小周告诉我她是来试妆的。从那之后我开始留意她了，我发现她每周一早上都会来我们店里试妆，有时候是店员帮她化妆，有时候是她自己化。连续一个月之后，我找到了她并询问她原因。她才告诉我因为自己是实习生，想要给同事留下一个好印象，而自己还没有拿到工资，所以没钱买化妆品。她说在我们店里化了妆会更有精神和气质，她有个同事由于没有使用优质的化妆品，化妆非常粗糙，给同事和上司留下了很不好的印象，还差点儿丢了工作。在她看来，职场女性必须要给自己一个漂亮的妆容，才有自信。果然，没几天她发工资之后，马上到我们公司定制了一套化妆品。就是这套，非常适合初入职场的人使用。"

客户:"就是这套化妆品啊,看起来真的很不错。"

销售人员:"这样吧,我也可以给您先化一个职业妆,保证让您顺利通过面试。您看怎么样?"

客户:"那太好了。"

这名销售人员了解了客户的信息之后,利用同理心感受到了对方的心情,并且在故事里借助了与客户很相似的一个角色,进一步加深客户对这个故事的理解和深入,同时也给客户带去了如果不化妆的话,很可能会在职场中失利的信息,进一步暗示了在职场中化妆的重要性。

暗示的结果隐藏在分析过程中

作为销售人员想要说服一个人,选择方式是讲故事,其结果是暗示对方作出正确的决定。那么可以分析一下我们的行为阶段,见图8-3。

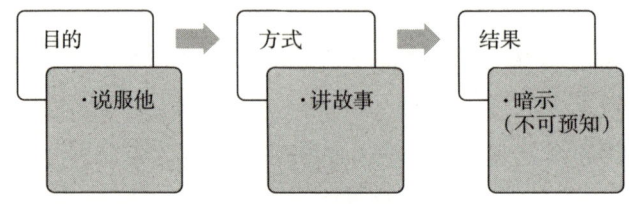

图8-3 暗示的行为阶段

这是在说服客户之前的三个阶段。在第三个阶段中,销售人员其实是很忐忑的,因为想要让这个结果变为可预知,直击对方内心。想要实现这个结果,就要追溯到第二点,还是讲故事。我们需要在讲故事时,先选择一个情节丰富的故事,这样可以让对方听下去,从而感受到他情绪上的爆发和反应。

此外,要针对这一点构造故事里的情节,如需要在故事中体

第8章 暗示：在故事中投射出客户应该作出的决定

现出客户拒绝你的后果，用你的故事案例或者曲折的情节来暗示客户，最终让他作出正确的选择。

在这个过程中，你也可以做一个小小的策划，见图8-4。

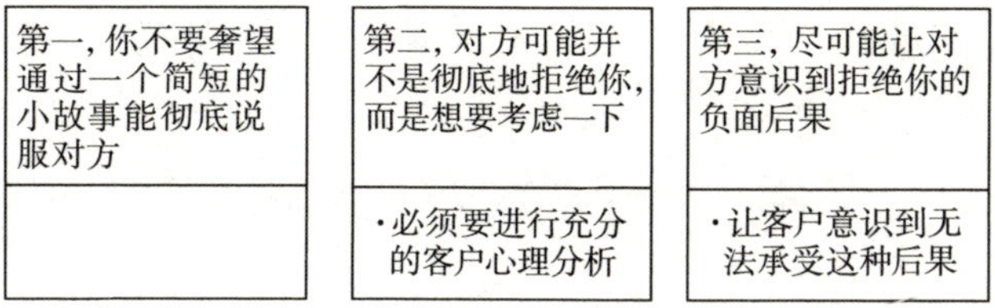

第一，你不要奢望通过一个简短的小故事能彻底说服对方	第二，对方可能并不是彻底地拒绝你，而是想要考虑一下	第三，尽可能让对方意识到拒绝你的负面后果
	·必须要进行充分的客户心理分析	·让客户意识到无法承受这种后果

图8-4 暗示客户时的策划

有了这样的分析过程，你的故事情节就会有起有落，而且还能与客户联系在一起，尽最大的努力去触动客户的内心和情绪，暗示并且影响他作出正确的选择。

8.6

故事+心理学效应=完美暗示

暗示,是一种心理学上的行为,通过抓住对方心理以此来达到影响他的行为。因此,销售人员在说服客户的过程中,需要加入一些心理学效应,把讲故事和心理学效应充分结合起来。

下面来看一下销售人员常用到的两种心理学效应,以及这些效应和讲故事的应用。

"福勒效应"在销售中的应用

什么是"福勒效应"?举个例子,如果你是处女座,有人告诉你:"处女座是天生的完美主义者,头脑清晰,做事十分谨慎小心,等等。"你肯定会很相信。你相信了这些,就说明"福勒效应"对你产生了影响。所以,"福勒效应"也被称为"星相效应"。

"福勒效应"是1948年由心理学家伯特伦·福勒对他的学生做的一个实验得出的结果。他给每个学生都发了一份"个人分析"测验结果表,要求学生对测验结果表与自身特质的契合度进行评分,0分最低,5分最高(事实上,福勒给每个学生发的都是同样的测验结果表,见表8-1。

第 8 章 暗示：在故事中投射出客户应该作出的决定

表 8-1　测验结果表

你希望受到别人的喜爱，但对自己吹毛求疵。
虽然性格有些缺陷，但你有办法弥补。
你拥有高深的潜能未被开发，并且尚未发挥出你的长处。
你看似强硬、严格自律的外在却掩盖着不安与忧虑的内心。
很多时候你都质疑自己的决定。
你喜欢一定程度的变动并在受限时感到不满。
你为自己是独立思想者而骄傲。
你认为对他人过度坦率并非不明智。
有些时候你外向、亲和，有些时候你又十分内向、谨慎而沉默。
你内心的一些理想其实是不切实际的。

不出福勒教授所料，学生交上去的结果，平均评分是 4.26。在评分结束之后，福勒才告诉大家，其实上述这些测试都是随便从星座与人格关系的描述中搜集出的一些广泛的内容结论。从分析报告的描述可见，很多结论适用于任何人。

为什么这个实验会产生这样的效应呢？在心理学上，"福勒效应"产生的原因被认为是"主观验证"的作用结果。主观验证对我们会产生很大的影响，主要是因为我们心中想要去相信一件事时，总能搜集到各种各样支持这件事的证据。

即便是那些毫不相干的事情，我们也可以找到一个逻辑让它符合自己的设想。福勒认为，在我们的大脑中，"自我"占据了大部分的空间，所有关于"自我"的东西都是极其重要的。这也是为什么我们总是在自己的物品上面精心设计出独特的自我风格，如来电铃声、电脑桌面、穿衣风格等。

另外，从基因的角度来看，相似的基因造出了相似的大脑，大脑中相似的机制引发思维的共性。尽管不同的生长环境，不同的文化背景会对每个人的思维产生一定的影响,但大体上来看,每个人在情感、个性上总有很多共性。

那么这种"福勒效应"如何跟销售人员在讲故事时联系在一起呢?最关键的一点是,要善于引用一些广泛的词语和信息看穿对方的需求,然后用一些例行的暗示话题让对方主动靠近你,暴露他的需求。

如想要说服有一定经济基础的白领女士购买你的产品时,你的故事要这样开始:"我有个女性朋友和你一样,在工作上进取心很强,也非常有能力,看得出你们这种人既时尚又喜欢充实自己,但是却总觉得压力大,没有时间去旅游,谈恋爱……"这里面包含了很多"福勒效应"中的广泛关键词,"上进心""能力强""时尚""压力大"等,这些能对白领女性群体形成认同,并且有效给出暗示,让她吐露心声。

▶▶ "启动效应"在销售中的应用

"启动效应"指的是人类记忆的一种非意识模式,它与通过不断重复形成的对词汇或其他事物的感性、语义和概念的识别相关。"启动效应"是一种心理战术,在这种机制下,我们可以有意识地去训练人们的决心意识,人们的行为会通过这种启动效应进行改变。

下面来看一下"启动效应"的研究实验:

实验名称:社会行为自主性

实验内容:研究者将参与实验的同学分为三组,并分别给出不同词性的词语。A组学生拿到的是敬语,B组拿到的是一些粗语,C组同学拿到的是中性词。

第 8 章 暗示：在故事中投射出客户应该作出的决定

实验要求，三组学生整理完这些单词后，去楼下大厅的教务处办公室接受测验。在实验中，研究者特别安排，当每组学生到达教务处办公室时，教导员都要爆出正在与别人谈话的过程。

这时候，我们来看实验结果：

A 组（接触敬语的学生），受到敬语中潜移默化的影响，在行为上表现得很有礼貌和耐心，他们打断教导员谈话的时间只占了受试总时间的 17%。

B 组（接触粗语的学生），自身的行为已经不知不觉受到研究词汇的影响，他们的行为也变得比较粗鲁无礼，他们打断教导员谈话的时间占到受试总时间的 63%。

C 组（接触中性语的学生），进入教务处办公室时，他们打断教导员谈话的时间占到受试总时间的 37%。

很明显，"启动效应"给参加接受实验的人带来了一种足以影响他们之后想法和行为的刺激。当启动越来越频繁时，其产生的影响力也就更加明显。经过这种"启动效应"的刺激之后，很多特定的想法也慢慢从潜意识中浮出，变得容易被联想和接受，从而更能有效直接地去影响人们的行为。

从专业角度来看，"启动效应"的形成是由于之前受某一刺激的影响而使得之后对同一刺激的提取和加工变得容易接受的心理现象。

在讲故事销售中，为让对方记住某件事情，可以用一个特殊的词语或者动作进行暗示，将其联系起来。这也可以看出，"启动效应"和记忆的关系非常紧密。

例如，你是一家美体减肥中心的销售人员，面对客户时，可以这样说："长胖很容易，但是肥胖之后的生活却是很难的，你知道《魔戒》的导演彼得·杰克逊吗？他曾经肥胖过度，甚至连行动都十分困难，而且肥胖还严重地影响了他的工作，让他的大脑负荷很重。行动不便、思考缓慢，影响的不仅仅是心情更是生活方式，这些后果可想而知……当然了，想要减肥，在我们这里却也是很容易的……"

利用肥胖带来的一些负面结果来放大对方的焦虑，让他大脑的"启动效应"开启，给予暗示，就能快速激发客户做出"减肥"的行为。

第 8 章 暗示：在故事中投射出客户应该作出的决定

8.7
站在旁观者角度赞美客户

在卡耐基的"沟通法则"中，赞美对方是不可或缺的。卡耐基认为真正有水平的赞美应该是站在旁观者的角度去赞美，这样才会客观，也让对方觉得更加真实。

在销售中也是如此，销售人员给客户讲故事时，想要实现暗示，在故事中投射出他应该作的选择，那么就要学会赞美。用赞美暗示他购买你的产品是对的。那么具体应该怎么做呢？

▶▶ 先熟悉不同客户群体的偏好

在赞美客户之前，销售人员应如同市场研究员一样对客户群体进行熟悉。我们最常讲的往往是客户的"需求"，在讨论赞美的时候，也同样适用。通常情况下，赞美需要因人而异，要有的放矢。

比如，销售人员对老人或年长领导的赞美，就要多赞美他们引以为豪的过往，赞美他们曾经辉煌过的青春岁月；对年轻人则要赞美他们的创新才能和勇于追求梦想的精神；对女士则要赞美她们美丽、有内涵、有气质……

熟悉了这些不同属性的客户群体的"需求"和偏好之后，在接下来讲故事时,就要结合这些需求进行客观的赞美,用赞美给客户带去暗示。

❱❱ 站在旁观者角度上赞美他的行为

举例来说,你想要赞美一个裁缝,千万不要说:"你真是了不起的裁缝!"因为他心里知道有更多的裁缝会比自己更优秀,所以也就会觉得你的赞美是一种敷衍的称赞。但如果你告诉他,你每次做衣服都去他的裁缝店,这就是非常高明的恭维。

销售人员明白了吗?你赞美的是客户的行为,而不是人。只有这样的赞美,才能让你的赞美更有暗示意义。例如,一个创业培训的销售人员,面对一个创业者(客户)时,是这样说的:"贵公司上次在夺标中可谓脱颖而出,我听到很多知名的老企业家都对你赞不绝口呢!我甚至听到一个知名老企业家说:'我25岁的时候可没有这样的魄力,真是后生可畏啊!'我想凭借您的这种魄力一定会想要公司更加蒸蒸日上,我们最新推出了一款公司管理软件,专门适合贵公司这样有朝气的企业,贵公司要是用了这款软件,一定更加……"

这位销售人员没有一上来就直接赞美这位创业者,而是用创业者在最近一次夺标中的行为,借他人之口赞美了他的行为。接下来再巧妙推出自己最新款的产品,暗示对方购买和使用。这种营销方式非常有效且会十分讨客户的欢心。

❱❱ 站在旁观者角度赞美客户的小窍门

销售人员需要站在旁观者角度赞美客户的同时,还要用讲故事的方式来暗示客户。这是一个复杂的过程,因此我们需要掌握

第8章 暗示：在故事中投射出客户应该作出的决定

其中的方法，见图8-5。

| 寻找客户的一个可以来赞美的点 |
| 赞美客户自身所具备的一个优点 |
| 赞美的点对客户来说必须是一个事实 |
| 在恰当的时候真诚地表达出来 |

图8-5 站在旁观者角度赞美客户的方法

1. 寻找客户的一个可以来赞美的点

赞美客户是需要理由的，我们不可能凭空去赞美客户，更不可能凭空制造一个虚拟的点来赞美，这个点一定是我们能够赞美的点，要有一个充分的理由。这样的赞美，客户才更加容易接受。

2. 赞美客户自身所具备的一个优点

我们要善于发现客户身上所具备的优点和长处，优点和长处正是我们可以大加赞美的地方，客户的优点可以从多个方面来寻找。例如，客户的事业、客户的决定、客户的语言，等等。

只有赞美优点才能够让客户感受到你是在赞美他，如果你不加判断地赞美了客户的一个缺点，就算你的赞美很巧妙，故事很华丽，也只能适得其反。

3. 赞美的点对客户来说必须是一个事实

销售人员在赞美客户时，需要注意的是，你必须要选择一个客户不争的优点，因为对于事实的赞美和陈述是我们对事物的基本判断，这是客户能感觉到的，你的赞美没有任何过度的地方，这样的赞美更加容易让客户心安理得地接受。而透过这种赞美映射出的暗示也更加容易被客户认同。

4. 将赞美在恰当的时候真诚地表达出来

对客户的赞美需要选择一个适当的时机来说出来,这个时候才会显得你的赞美是非常自然的。同时在这个赞美的过程中,还可以适当地加入一些调侃,这样更加容易调节气氛,让客户在心里感到非常舒服。

第 9 章

搞定：
别忘了从故事回到交易现场

很多销售人员只顾着讲故事，忘记了最初的目的——销售。因此，讲故事要注意分寸，该收手就得快速收手，该引导就得高效引导，无论是欲擒故纵还是激将刺激，你都必须围绕交易来展开。

9.1

锁定 + 创造 + 满足 = 客户买单

高明的销售人员会认为故事的关键就是：锁定 + 创造 + 满足客户情感需求。

很多人不明白为什么好故事会被一代代传承下来？换句话说，好故事真正感人的地方在哪里呢？答案就是，故事真正感人的关键，在于其中体现出来的情感因素。

好的故事会通过一些有起伏的事件来带动客户的情感起伏，最后让客户接受它所弘扬的道理。故事的关键在于锁定、创造、满足客户的情感需求。通过故事让客户顺利进入一个销售情景之中，同时去掉故事与销售关系不大的繁琐细节。当你完成了这些环节，那么客户很难不买单。

▶▶ 锁定客户的情感需求

销售人员必须要使用故事来锁定客户的情感需求；这是客户下单的前提。换句话说，如果你的故事没有说到客户的情感需求点上，客户是不会下单的。因此，销售人员需要提前了解客户的情感需求点在哪里。

德国一家研究公司发布了一份研究报告，报告指出：人们很容易接受自己喜欢或与自己相似的人提出的要求与建议。

这说明了什么？这说明在与别人交往时，如果我们能够提前观察这个人的喜好，那么就可以让自己往这些方面靠拢，以此来拉近与对方的距离。因此，我们要学会观察对方的兴趣爱好、言谈举止、穿衣打扮等，更重要的是要学会透析对方的情感需求。

人与人之间的沟通，在最初的几秒钟内是很难产生共鸣的。因此，当我们想要影响客户的时候，最好先投其所好，再施以影响。也就是先进行一种轻松愉快的聊天，在这个过程中了解客户的情感需求和指向。

在这里，销售人员要特别注意一点，那就是千万别走入"投射效应"的怪圈之中。在心理学中，有一种"投射效应"，指的是将自己的特点归因到其他人身上的倾向。主要是在对他人形成认知时，以为他人也具备和自己相似的特性的现象，把自己的感情、意志、特性强加于人，即推己及人的认知障碍。

举个例子，一个善于算计的人往往也会觉得别人工于心计。

"投射效应"让人们倾向于按照自己的标准来认知他人，而不是按照真实情况进行认知，这是一种严重的认知心理偏差。在销售过程中，销售人员千万不能存在这种偏差，认为自己需要的（或者大众需要的）也是对方需要的，这样往往会适得其反。

◎ 创造客户的情感需求

很多时候我们与客户聊天也好，相处也罢，总是察觉不到客户的情感需求点，这样就很棘手，我们的故事就无法开口，交易也很难达成。这时该怎么办呢？我们千万不能处于被动状态，要把被动变为主动，积极去创造客户的情感需求。

第9章 搞定:别忘了从故事回到交易现场

如何创造客户的情感需求呢?明确以下四大框架就可以了,见表9-1。

表9-1 创造客户情感的四大框架

经济问题	房贷、车贷、工资、消费、教育费用等
健康状况	身体不适、工作压力大、工作劳累、亲人身体欠佳等
人际关系	家庭关系、同事关系、客户问题、上下级矛盾、朋友之间相处等
人生目标	跳槽、加薪、对人生迷茫等

抓住这四个基本框架,然后展开话题,在获得对方信息的同时,就可以快速让对方对你产生信赖,那么接下来你的故事就会充满影响力。

》满足客户的情感需求

当你锁定了客户的情感需要,或者创造了这种需求之后,接下来就要通过故事来满足客户的需求。

不管是用什么样的叙述方式,重点是要让对方觉得"你居然能猜透我的心思"。但这世上真的有能完全猜透他人命运的预言家吗?答案是否定的。既然没有,你又如何能看透他的心思呢?

其实所有的说服,都源于对方的需求是否得到了满足。只有弄明白了这一点,你的故事才是对症下药,说到了对方的心坎上,让对方信服。那么在这里所说的抓住对方的需求就正是"说中"的前提。

当然,销售人员也要因人而异,根据不同的客户需求来进行故事营销,只要把故事说到位,就一定可以满足客户的情感需求,从而刺激他做出下单的决定。

9.2 向客户提供更充分的购买理由

在越来越激烈的市场中,销售人员最大的工作就是向客户提供一个充足的购买理由。正如本书所说的,通过讲故事的方式来影响客户的行为。这个过程就是不断将客户从"需要"到"想要",从而产生购买的想法。

▷ 与客户进行情感互动

故事贯穿了整个过程中的思维,把一些枯燥无味的数据和人的情感相互结合起来,进而产生了强大的购买动力。好故事可以快速点燃客户的消费激情,通过故事与客户的情绪互动,与客户建立起一个良性的情感互动。不同于硬性销售,故事营销是客户自己内心下的决定,因此更容易引发客户的认同,有利于产品的传播。

如下面这个案例:

销售人员:"先生,我想了解一下,您为什么想要购买一款女式羊绒大衣呢?"

客户:"我想送给我太太,过两天就是她的生日。"

销售人员:"哦,您是送给太太的生日礼物啊。这款羊绒大

第 9 章　搞定：别忘了从故事回到交易现场

衣是我们公司的最新款，面料来自澳洲进口羊毛，据说这里面还有个奇妙的爱情故事。"

客户："哦？说来听听。"

销售人员："这款衣服的设计师有一次去新西兰采风，到新西兰的第三天就接到太太的报喜电话，原来他太太刚生下一个女儿。由于是早产，我们的设计师又没办法及时赶回去，所以他设计了这款衣服，并采用新西兰纯正的羊毛来制作，寓意最温暖的关爱……"

我们可以看到，这个销售人员通过讲述产品设计师的故事来吸引客户的注意，同时也给客户带去除产品本身之外的深刻含义。

故事时刻影响着我们与客户的关系，并深刻影响着最后我们的销售成交与否。故事也影响着我们是否会取得客户足够的信任，并且让客户持续保持购买兴趣。从更长远的角度来看，讲故事更有利于销售人员进行客户升级，向客户销售更多的产品，甚至形成重复销售。

❯❯ 从客户最实用的角度讲故事

故事之所以可以促使客户做出消费行为是因为讲述者从客户最实用的角度去讲述故事。很明显，客户购买产品的最大理由就是"刚需"。如果客户没有这个刚需，那么我们作为销售人员要替客户挖掘出来，而挖掘的方法就是从客户最实在的角度去入手。下面是一个很好的案例：

在同一条街上，有两家做户外运动产品的店铺，两家销售的产品几乎没有差别，但是生意却差很多，客户从 A 店铺出来总是带着产品,而从 B 店铺出来总是两手空空。

业绩差的 B 店铺老板决定亲自去视察。

老板先是在自家的店铺观察,发现当客户来了之后,销售人员首先会微笑着迎上去打招呼:"您好女士,来看一看我们的商品,我们的户外运动产品所使用的面料是最早获得国际认证的……"

客户点点头。销售人员继续说:"我们店里现在正在做活动,所有产品均打八折,现在买很划算……"客户继续点点头,然后就走出了店铺。

这位老板觉得销售人员的工作没什么大问题,于是装成客户来到了 A 店。

A 店的销售人员见到一位穿阿迪达斯运动鞋的女士进来,说:"美女你好,平时一定比较喜欢运动吧?"

客户:"是啊。"

销售人员:"不知道你都喜欢什么运动呢?"

客户说:"我喜欢登山。"

销售人员:"喜欢登山的人都很有勇气去挑战一些不可能的事情,真佩服你。不过我有个小小的建议,不知道你有没有兴趣听一下?"

那位客户感觉很奇怪,便同意了。

销售人员:"运动当然要穿专业的运动鞋,这样可以保护脚部。同样,登山也需要穿专业的登山鞋。我弟弟也特别爱登山,还创建了一个登山群,他们经常组织去爬山。有一次,他穿着我新给他买的一款运动鞋去登山,结果才出去几次,那双鞋就坏了。那双运动鞋是运动品牌中的大品牌,但是不适合登山用。像登山这样的户外运动还是应该穿专业的登山鞋。例如,我们店里销售的登山运动鞋有很强的防滑功能,还很舒适,一定能让你在

第 9 章 搞定：别忘了从故事回到交易现场

爬山过程中体会到更多的乐趣……"

B 店的老板远远地看着两个人就这样交流起登山经验来。最后，客户走的时候买了两双登山鞋，满意地离开了。

在这个案例中，A 店的业绩之所以那么好，是因为销售人员能从客户最真实、最实用的角度出发讲故事，然后向客户提供一个更充分的购买理由。

其实很多人都爱听故事，而故事营销讲的是智慧，是做事的思维方式。只有认真了解、充分分析客户的购买心理，才能有针对性地讲故事。做销售一定要给客户打造一个最实用的情景，这样他才会下单。

9.3 面对客户的"再想想",要步步紧逼

作为销售人员应该经常会遇到这样一类客户:在购买之前往往会拖延,他们会说:"我再考虑考虑"或者"我再想想"以及"过几天再说吧",等等。销售人员对此司空见惯,但这也是销售人员最害怕听到的,因为这些话似乎在向销售人员宣示着客户的拒绝。面对这样的情况,销售人员应该怎么办呢?

通常情况下,销售人员在遇到这样的情况时会非常痛苦,甚至烦躁不堪。但是对于优秀的销售人员来说,客户的"我再想想"并不是问题。因为他们懂得如何步步紧逼。

》 问问题→引导→步步紧逼

很多销售人员博得了客户好感之后,就开始循序渐进地抛出故事。销售人员讲的故事也非常动人,甚至多次打动客户。但是最终客户还是说"我再想想"。这时候,优秀的销售人员往往会先赞同客户:"您真是慎重,买东西就应该像您这样慎重,要先考虑清楚。您对这个产品应该还是很有兴趣的吧,不然您也不会花时间去考虑,对吗?"

抛出这种问题之后,客户一般只好认可销售人员的观点。

此时，销售人员需要仔细引导，紧接着再紧逼一句："我只是出于好奇，想了解一下你要考虑的是什么，是我们公司的信誉度吗？"

客户自然会被你牵着鼻子走，说："哦，不是，贵公司的服务很好。"

销售人员会继续追问："那是不是我的人品问题？"

客户会说："当然不是，这怎么会呢？我主要是担心……"

销售人员用层层逼近的技巧，不断发问，最后让对方主动说出了他所担心的问题。你只要能解决客户的疑问，成交也就成为很自然的事。

》"惜失成交"法

当销售人员讲完故事，客户虽然有些触动，但依然无法作出购买决定时，客户还可以运用"惜失成交"法，即利用"怕买不到"的心理。

人们往往对越是得不到、买不到的东西，就越想得到它、买到它，这是心理学家提出的人性弱点之一。

一旦客户意识到购买这种产品是很难得的良机，那么，他们就会立即采取行动。"惜失成交"法就是抓住客户"得之以喜，失之以苦"的心理，通过给客户施加一定的压力来促使对方及时作出购买决定。

通常情况下，销售人员可以从这几个方面去做：

1. 限数量

销售人员要从数量上来刺激客户。例如"购买数量有限，欲购从速"等，让客户意识到产品的稀有性。

2. 限时间

销售人员主要抓住时间上的限定来刺激客户，暗示客户在指定时间内购物会享有优惠。

3. 限服务

销售人员主要从产品的服务上来体现购物的好处，是在指定的数量内会享有更好的服务。

4. 限价格

销售人员要从产品的价格上来刺激客户做出购买行为，主要是针对于要涨价的商品。

▶▶ 通过正确的判断去打动客户

很多客户往往是"太极高手"，他们很清楚销售人员的目的，所以总是推来推去，似乎在"打太极"，让销售人员很为难。此时，销售人员如果真的觉得客户是拒绝的，那就错了。客户看上去是在"打太极"，但是实际上却是没有想清楚自己到底买不买。

所以销售人员一定要进行一个客观的判断。销售人员需要用坚定的态度来回答客户的疑问。不仅要做到以退为进，给将来留点余地，还可以拉关系、找套路。

此外，当客户仍在犹豫的时候，说明他还没有下决定，这说明销售人员还有些地方没有做到位，如可能还没有找到一个可以打动他的点。所以这时候销售人员必须要当机立断，直接询问他到底还有什么疑问，然后立刻针对客户的问题拿出解决办法。

因此，销售人员在客户犹豫不定时要做好准备，正确且耐心地作出准确的判断，一旦没有作出良好的判断，很可能反被客户牵着鼻子走。

第 9 章　搞定：别忘了从故事回到交易现场

9.4

临门一脚，讲一个刺激客户好胜心的故事

当销售进行到结尾之处，最重要的就是成交。可是偏偏很多销售人员在前期付出了很多，却在最终成交时遇到了阻碍。为什么会出现这样的情况呢？

当遇到这种情况时，销售人员不必惊慌，需要冷静下来找到影响客户最终下单的原因。无非是客户对产品产生异议、客户觉得产品太贵、客户没有下定决心等。那么面对这些问题，销售人员应该在临门一脚之时，讲一个可以刺激客户好胜心的故事，"逼迫"他购买，也就是最后的"逼单"。

❥ 最后关头用一个故事化解客户的异议

就算销售人员在前面做好了铺垫，在最后成交阶段，客户也总是会产生很多异议，如产品方面，或者服务方面。很多销售人员在处理客户异议时，第一反应是跟对方讲道理，在他们看来，只要回答了客户的异议，化解了客户的异议，客户就会购买我们的产品。实际上，这种想法有些危险。因为在销售的过程中，真正的成交一定是在客户心理放松、心情愉悦的基础上进行的，如果客户心里面没有这种轻松的感觉，那么他很难买单。那么销售

人员该怎么做呢？

面对客户异议出现的时候，销售人员需要保持冷静的头脑，认真地回忆，回忆是不是也有客户提出过类似的异议，当时是否达成成交，客户最终成交时的场景是什么样的，后续还有没有继续回购……

回忆只是第一步，接下来销售人员需要做的是给客户讲一讲当初类似客户下单的情景。如果你说："您放心吧，如果我们的产品不好，也不可能有那么多的回头客来找我们……"这样简简单单的一句话其实并不能真正打消客户对产品的异议。所以，此时真正需要的还应该是故事。

例如，一家装修店的销售人员这样说："您放心吧，我们的产品肯定让您放心。虽然我在南京开店，但还是有很多上海、杭州的客户到我店里来买产品。为什么？就拿我上个月的一个老客户来说，这个客户原来是在苏州做生意的，后来业务做大了，去了上海发展。在上海买了新房子需要装修，全上海都跑遍了，结果还是来到我店里来买的产品。客户跟我说买我家的产品他放心，宁可舍近求远来找我，也不去那些信不过的厂家。"

当销售人员跟客户讲起老客户的故事时，客户才会从内心产生信任。当然这时候，如果销售人员可以顺势拿出老客户的订单给客户看就更好了，如"看看，这就是当初张先生的方案，您觉得怎么样？"通常客户都会形成一种无形的心理：既然这么多人都选择了，应该是错不了。

这种方式也类似于例证成交法，即用其他客户的故事来激励客户马上采取行动。当我们能够准确地判断出客户的顾虑时，在成交前的临门一脚就不是特别复杂的事情了，这就好比足球比赛中的任意球一样，如果你已经看到了对方的人墙，那么自然就会

第 9 章　搞定：别忘了从故事回到交易现场

很清楚这个任意球是选择直接射门还是打配合。难就难在快速进攻的过程中，你不知道对手如何回防和盯人。

通过讲故事，测试客户的购买意向，因为没人喜欢被别人施加压力，但是人们往往都喜欢从别人的故事里面寻找力量，从而说服自己购买。

▶▶ 激将法刺激客户好胜心

在最后的销售关头，销售人员还可以利用激将法通过刺激客户的好胜心（或自尊心）来敦促他们购买产品。

这种方式很巧妙，如下面这个案例：

一对明星夫妇前往商场选购首饰，女方对一只价值三十万元的手链很感兴趣。但是因为价格昂贵所以犹豫不决。这时候，销售人员向客户说："香港某明星（当红明星）曾经在我们柜台看过这个手链，爱不释手。但由于价格太高没有买走，只好买了一款十五万元的低配版手链……"

经过这位销售人员的"激将"，这对明星夫妇立即买下这款手链，因为他们要显示出自己比那位香港明星更有实力。

销售人员在使用激将法时，必须要有一个良好的心理素质，在激将对方时，要显得平静、自然，以免对方看出你在"激"他。

好的销售都是讲故事高手

9.5 欲擒故纵,放出"狠话"吓住客户

销售人员经常遇到这样的客户:天生优柔寡断,虽然对产品有很大的兴趣,可是最后交易时,总是拖拖拉拉,迟迟不作决定。

这样的客户其实基本是"跑不掉"的,但是如果销售人员在方法上做不到位,也可能会流失客户。最有效的做法就是欲擒故纵。销售人员可以假装"不卖了",敦促客户下单。例如,很多卖水果的小贩经常对这样的客户说:"先生,您买不买啊,不买的话我们收摊了,明天也不会来了。"说完这样的话,客户基本都会买。所以,这需要销售人员放出一个"狠话"来震慑住客户。

▶ 其实,不买也没关系……

在销售的破冰技巧中,很多人都知道一些道理,如要时刻运用招呼、微笑、良好的仪表等,还要使用规范语言和行为接待客户。这些方法虽然很好,但是销售人员在使用时,往往很不自然,甚至会给客户带去一种虚假客套的感觉。

真正高明的销售人员,在破冰过程中不会如此,他们会欲擒故纵。用一句"其实,不买也没关系……"来敦促客户买单。

第 9 章 搞定：别忘了从故事回到交易现场

我们首先要了解一下客户的心理。客户在销售过程中，往往与销售人员不认识，因此，客户在这个场景中，有戒备心理是正常的事情。而且在最后交易时，犹豫不决也是可以理解的。那么在破解时，一句"其实，不买也没关系……"到底有什么魔力呢？这一句话代表了四层含义。

1. 不必在意我向你提供了服务（产品）

很多客户进店之后，总觉得店员提供了服务给自己，向自己介绍了产品，就必须得买点儿什么。所以，常常不愿意去"招惹"销售人员。就算"招惹"了，最终买单时，也总是犹豫不决，会感觉到不好意思不买单，但是心理又有些被"强迫"的感觉。

当销售人员说"其实，不买也没有关系"这句话时，就给了客户一种暗示，即暗示客户"不必在意我向你提供了服务（产品），这是我应该做的"。这种暗示可以削弱客户的强迫想法，甚至还会主动积极地与销售人员沟通，反而给销售人员创造了机会。

2. 给犹豫的客户一个台阶

有些客户在听了销售人员的介绍（故事）之后，准备买这个产品，在结账时，却又突然不想买了，但是购买的意思已经提前表达出，所以临时退缩又不好意思。这时候，大部分的销售人员往往在看出客户的心思之后，就赶紧催促客户结账，害怕客户"跑了"。其实这样的做法并不可取。

销售人员如发现客户还没有考虑清楚，则可以轻松愉悦地与客户交流，问一下客户犹豫的原因，再予以解释，如果解释后客户仍表现出不太愿意买，这时就完全不必再强制客户买单。否则，得不偿失。此时一句"其实，不买也没有关系"反倒能赢得客户尊重的目光,而且还会有更大的概率达成这桩交易。

3. 引导客户深入了解

还有一些客户或许只是想了解一下某些产品,并没有真正购买的打算。此时销售人员也应该说一句:"其实,不买也没关系"这样销售人员可以顺势上来继续聊天:"您可以先了解一下,这一款最新的产品……"然后再巧妙加入一个故事引导,这样很可能会让客户主动购买。

4. 我并不是在推销

"其实,不买也没有关系!"这句话还向客户透露出一个更深层的含义,那就是"我并不是在向你推销,你买不买都没关系"。这种心态的定位会让客户的戒备心理瞬间消失。

了解了"其实,不买也没关系"这句话中的含义和信息之后,销售人员在最后成交阶段,就可以抛出这句话,让客户意识到以上四点,然后客户会从内心感觉到"不好意思",这种完全不是"逼迫"的"逼单"方法的确非常有效。

》"冷落客户",放出狠招

在欲擒故纵的营销方法中,高明的销售人员还会选择"冷落客户",然后放出狠话和狠招,控制好追踪客户的节奏和方法,让你的目标客户自己主动找你下单。

詹姆斯是一个汽车销售人员,一天他遇到了一个客户。这个客户想要买一辆最新款的跑车送给女朋友。其间詹姆斯利用讲故事等各种方式,吸引了客户的注意,但是客户就是迟迟不肯下单。

为了拿下这个客户,詹姆斯做了很多努力。他学习乔·吉拉德的做法,一有空的时候就给这个客户打电话问候,并且每隔一

第9章 搞定：别忘了从故事回到交易现场

段时间就去拜访他一次。然而客户还是迟迟不肯下单。

面对这种情况，詹姆斯想过放弃，但是又不甘心，通过这么长时间的努力，不能轻易放掉客户。这时詹姆斯想到了利用欲擒故纵的方式来"对付"客户。

一天，詹姆斯又去客户的别墅区准备拜访，刚进大门就恰巧碰见了这个客户。詹姆斯觉得这是一个好机会，于是开始实行"欲擒故纵"的计划。

客户先看到了詹姆斯，然后说："嘿，詹姆斯，你又来拜访我了！不过这次我没空，恐怕要让你白跑一趟了！"客户看着詹姆斯笑着说。

詹姆斯听到这句话之后，顺势进行了一个回应："您误会了，我这次不是来拜访您的，这里还有一个客户，我是来拜访他的。"

"哦？这个客户购买的是哪款汽车？"客户似乎被这突如其来的冷落打击到了。

销售人员说："这位客户看中的也是我上次给您介绍的那款车型，现在想买这款车的人特别多，因为我们公司只进了两台。之后很可能没办法再引进了，以后您花再多的钱也买不到了。我的这个客户很早就跟我预订了，今天我就是来签单的。我们回见，客户还等着我去签单呢！"詹姆斯说完这个小插曲就走了。

下午，詹姆斯刚回到公司，那位大客户就给他打来电话说明天来签单。詹姆斯笑着挂掉了电话。

在这个案例中，詹姆斯经常追着客户签单的时候，客户可能觉得这种产品还可以，但是，与自己想象中的产品还有一定的差距。当被詹姆斯"冷落"，并且得知产品限量时，便对产品有了更强的购买欲望。这就是欲擒故纵在成交环节中的作用，可以帮助客户追着你买单。

9.6 让故事的余温持续停留在客户心里

纽约"成功动机研究"的主持人保罗·梅耶对营销进行过大量的研究,他发现优秀的销售人员都会巧妙地利用人们喜欢听故事的心理去影响客户。讲故事不但可以活跃营销气氛,还可以引起客户的反思,同时能够获得客户极强的信赖感。

在推销过程中,销售人员推销的产品品质是最重要的,在此基础上,必要时适当地讲一些动人的故事去协助推销,这样可以引起客户和销售人员情感上的共鸣,在这个情感基础上再进行攻心战术,那么最后的成交率就会很高。

然而很多销售人员认为客户下单之后,销售过程就结束了,其实并不是这样的。在销售过程中有一个很重要的环节就是跟进。许多销售人员利用走访或者电话跟进的方式来询问客户对产品或者对公司服务的态度,以求得二次销售。但高明的销售人员不会只是询问,还会通过讲故事的方式,让故事的余温持续留在客户的心里。

▶ 让描述的故事画面在客户脑海中生根发芽

为了更好地笼络住客户,销售人员需要持续对客户进行拜

第9章 搞定：别忘了从故事回到交易现场

访。当客户达成一个交易时，销售人员应该想办法让他二次消费。其中最重要的一个方法就是讲故事，用故事继续感动他的心，进而影响他的行为。

有一个非常巧妙的方法，那就是在拜访客户时，给客户讲述一个可以在客户脑海中生根发芽的故事。这样的故事必须要符合以下几个条件，见图9-1。

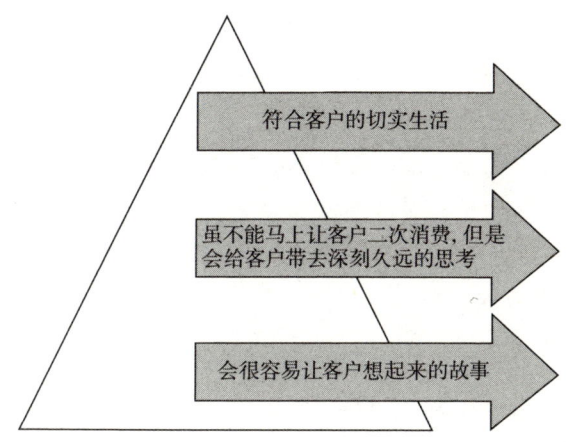

图9-1 在客户脑海中生根发芽的故事所具备的条件

下面来看一个被誉为"美国最伟大的保险推销员之一"的弗兰克·贝特格的案例：

弗兰克有一段时期把重点客户放在了中年客户群体身上。凭借他高超的销售本领，每次都能获得成交。但是成交之后，弗兰克还会针对那些有潜在二次消费的客户进行拜访。在拜访时，他会经常携带一张他叔叔从军时的照片。

原来，弗兰克的叔叔是一名军人，而且是一身正气的军官，到退休时是少将。但因为没有做好养老计划，所以退休时两袖清风,甚至孑然一身。

叔叔为了不连累当时在事业上刚刚起步的儿女,只身前往了美国西部。家人通过书信和电话了解到叔叔其实过得并不好,甚至很落寞。

弗兰克期望自己的客户对退休生活能早做计划,早一日准备,就能早一日轻松。而弗兰克很清楚,中年人往往正处在事业巅峰时期,虽然收入高,但相应地,支出也很多,尤其是各种应酬,即使有丰厚的薪资,也所剩无几。

他的叔叔就是这样的一个典型。当初,作为少将,各种收入和补贴都是非常可观的。但是因为没有合理安排收入,导致过多应酬和其他支出,所以叔叔晚年时期并没有储存足够的退休保障。接下来,弗兰克是这样对客户说的:"后来叔叔意识到这个问题的时候,有些太晚了。他只好省吃俭用,原本喜欢吃牛排的叔叔也慢慢戒掉了牛排,衣服也不再选择定制,而是商店里打折的促销品,通过这些方式来强迫自己可以攒下些积蓄,好让晚年有所保障。此外,叔叔还必须每天祈求上帝不要让他生病,人老了,一旦生病会很麻烦……如果换作是你,你愿意过这样的生活吗?"

有了弗兰克叔叔的故事作为参考,大部分的客户在听完之后都会在内心产生波澜,甚至会主动找到弗兰克要求续约,或者购买其他的保险,等等。

由此可见,故事的力量是巨大的,故事能在客户的心里烙下痕迹,对一个人的一生产生影响。

▶▶ 通过邮件、短信、微信等社交渠道来传送故事

销售人员为了让客户更加相信自己的产品,并且产生后续购

第9章 搞定：别忘了从故事回到交易现场

买，还可以通过邮件、短信、微信等渠道来进行回访。在回访中，大多数销售人员会选择询问或者送上简单的问候方式。但是，这并不能博得客户的好感，也不足以让客户对你印象深刻。

在这种情况下，你不妨在回访时，利用当下的社交渠道来给客户传送一个故事，让故事的余温在他心里发酵、升华。

卖座APP（一个销售电影的网络购票软件）在给客户发送回访邮件时，不但会送上抽奖电影券，还会给客户带去当下最新电影的简介，用来吸引客户二次消费。

例如，卖座APP在2015年10月给客户回访的邮件中，发送了当时最火的电影《捉妖记》的故事："小伙子天荫阴差阳错地怀上了即将降世的小妖王，他被降妖天师小岚一路保护着躲过各种妖怪。虽然二人渐渐对小妖产生了感情，但小岚却明白她只是为把这只惹人眼红的小妖卖个好价钱，在人妖混杂的世界里，他们的命运无疑将牵动人心。剧情扎实、逻辑严密、质感精致、制作精良、动作场面有力、笑点泪点都高级有趣，主角配角的表演都很精彩，过来客串的一众演员也都鲜明好玩，一路又哭又笑地看完，会觉得特别对得起票价。"

这种方式会让客户对电影产生向往感，也许会马上拿起手机打开卖座APP发来的链接抢票，这对销售人员来说可谓一举两得。